保育者ができる

気になる行動を示す幼児への支援

応用行動分析学に基づく
実践ガイドブック

［監修］
野呂文行・高橋雅江

［編著］
永冨大舗・原口英之

学苑社

監修者まえがき

　保育者のみなさんは、それぞれの子ども観・保育観のもとで、子どもたちの様子を理解しようと努めていると思います。皆さんの経験に裏打ちされた理解によって、子どもたちに確かな成長が感じられているときは、特別な手立ては必要ありません。しかし、子どもたちの成長に疑問をもち始めたときには、少し違った視点が必要なのかもしれません。そんなときには本書を手にとって、応用行動分析学という新しい視点を学んでみるのも良いのではないかと思います。

　この視点に慣れるまでは、少し難しく感じたり、違和感をもったりするかもしれません。しかし、本書で紹介されている事例をよく読んで、身近にいるお子さんのイメージと重ねてみてください。きっと皆さんの子どもの理解の仕方と大きく食い違いがあるわけではないことに気付き、役に立つ考え方であることを実感されるのではないかと思います。

　本書は、応用行動分析学を専門とする二人の著者が、保育者に対して助言・アドバイスをしてきた、これまでの成果をまとめたものです。本書を読めば、応用行動分析学の専門家が、どのような視点で子どもの行動を理解し、支援のアイデアを創出しているのかが手にとるように分かります。本書が、みなさんの保育の質の向上につながることを願っております。

筑波大学人間系 教授

野呂文行

　本書は、保育者や保育現場を支援して下さる専門家の方々、保育者を目指す学生や特別支援について学ぶ方々に向けて執筆されました。保育や保護者支援に携わる方々にとって、子どもの行動理解は欠かせません。「どうしてだろう？」と、子どもの行動を分析し、状況を読み取って支援の方法を探ります。その際に、子どもの発達や特性を見極め、環境を調整して成功体験に導く。そういったアセスメントを職員間で共有したいです。

　しかし、現場の保育者は、日々の保育に精一杯で一人ひとり違う行動をどう受け止めていくか、見通しが立ちづらく、葛藤することもあるのではないでしょうか。

　そこで、本書は、第1章の「どうしてだろう？」の行動を分析する方法や、第2章の具体的な事例も行動理解はさまざまで、どう分析していくか、ヒントや手立て法がわかりやすく書かれているのでご活用下さい。乳幼児期は、どの子も発達途上であり、皆、特別な配慮が必要です。一人ひとりの行動を理解する際、うまくいっている場面もとても参考になるので、子どもの良さを支援や指導に活かして頂けたらと思います。子どもの「できた」「ここを手伝って」「楽しい」につなげて、子ども達の自信につなげ、周りの大人と共に喜び合えることを願っています。

心羽えみの保育園石神井台 園長

高橋雅江

本書の目的と構成

　登園時に泣いてしまうハルト君、友だちの玩具を取ってしまうユウト君、何度注意しても友だちを押してしまうリンちゃん。保育現場では、このような行動を示す子どもの対応に困る事例も多いのではないでしょうか。

　本書の目的は、3つあります。

　1つ目は、保育現場で子どもたちの示す様々な問題に関する解決事例を示すことです。目次に、この本で取り上げた事例の一覧を示しています。第2章では、解決事例について詳しく説明しています。ぜひ、本書を手の届くところに置いて、日常の実践で行き詰まったときに開いてみてください。実践を前に進めるヒントが示されていると思います。

　2つ目は、問題を解決するために必要な、行動を分析する方法を示すことです。子どもたちが示す問題を解決するためには、まずはその問題の原因を分析することが必要です。本書ではその方法として、応用行動分析学の理論を用いました。応用行動分析学では、行動が起きる原因を、その行動の直前と直後の状況に基づいて考えていきます。この考え方の枠組みを「ABC分析」といいます。また、行動が起きる原因である行動の機能面に注目します。例えば、友だちの玩具を取ってしまう子どもがいたとします。その子どもは、なぜ友だちの玩具を取ってしまうのでしょうか。その子どもは、友だちの玩具が欲しいために取ったのかもしれません。それとも、実は玩具が欲しいのではなく、友だちの注目を引くために取ったのかもしれません。もしくは、玩具が欲しいことを適切に伝えても貸してくれないために取ったのかもしれません。このように、行動には様々な原因があり、原因によって関わり方が異なります。読者の皆様には、本書を通じてその原因を分析する方法を学んでもらえたらと思います。応用行動分析学のABC分析については、第1章で取り上げました。

　3つ目は、応用行動分析学という学問そのものを知ってもらうことです。応用行動分析学は特別な支援を必要とする子どもの行動だけではなく、日常生活で、誰に対しても、また、どのような行動にも応用可能であることが分かっています。現在では、応用行動分析学は教育の分野だけではなく、保育、福祉、医療、家庭、組織など様々な分野にも応用されています。

　この本を通じて応用行動分析学を学んでいただくために、第3章では応用行動分析学の理論について解説しています。聞き慣れない専門用語などもあり、難しい印象をもってしまうかもしれませんが、できる限り、読者の皆様に分かりやすいように書いています。もし応用行動分析学に興味をもちましたら、他の書籍も読んでみてください。

　子どもたちへの指導や支援に尽力されている先生方、また、大学教員や指導教諭など先生方を指導されている立場の方、コンサルテーションをされている専門家の方、保育・幼児教育や特別支援教育を学ぶ学生、応用行動分析学に興味をもつすべての方にとって、本書が役立つことを願ってやみません。そして、皆様を介して、多くの子どもたちが、たくさん褒められるようになってくれたらと思っています。

第2章の見方

保育者が対応に困っている園児の行動について説明しています。

問題がなぜ生じていたのか、保育者の支援がなぜ解決につながったのか解説しています。

園児の行動を分析する際の行動の見方を解説しています。

問題を解決するために活用した応用行動分析学の主な理論を解説しています。応用行動分析学の理論については第3章でより詳しく解説しています。

保育者が実践した支援方法を解説しています。

目 次

第**1**章 「どうしてだろう？」を明らかにする
― 行動を分析する方法 ―

第**2**章 「どうしてだろう？」から始まる
　　　　園児への関わり方

登園時に泣いてしまう

遊びに消極的

友だちの玩具を取ってしまう

友だちに対して危険な行動をする

「ダメ」と言われたことをする

第 **3** 章 もっと知ろう!
応用行動分析学の理論と応用

column

第 **1** 章

「どうしてだろう?」を明らかにする

― 行 動 を 分 析 す る 方 法 ―

第1章では、子どもの行動を分析する方法として、ABC分析を紹介します。
第1章を読むことによって、子どもがなぜ望ましくない行動を行うのか、
なぜ望ましい行動を行わないのかについて、分析する方法を学ぶことができます。

ABC分析を活用して、子どもの行動を分析することができるようになることで、
子どもとの関わり方のヒントを見つけることができるようになります。
第1章を読みながら、実際に子どもの行動を分析し、
関わり方の工夫を考えてみましょう。

行動を分析し、解決策を導く応用行動分析学

ユウト君は遊びの時間、友だちが使っている玩具を取ってしまいます。何度も「取ったらダメだよね」と注意しても、しばらくすると、また友だちの玩具を取ってしまいます。

ユウト君はなぜ友だちの玩具を取ってしまうのでしょうか。ユウト君は家庭環境になにか問題があるのでしょうか？　それとも、ユウト君の発達になにか問題があるのでしょうか？

その可能性もあるかもしれませんが、まずは目の前の子どもの行動から、その行動の原因を分析し、有効な解決策を導き出せる方法があります。その方法は、応用行動分析学という学問の中で発展してきました。

応用行動分析学（Applied Behavior Analysis: ABAと略されることもあります）は、行動に焦点を当て、行動が起きたり起きなかったりする原因を分析し、その分析に基づいて行動改善を目指す学問です。応用行動分析学の考え方が身につくと、子どもの行動であろうと、大人の行動であろうと、すべての人の行動を分析対象とすることができます。応用行動分析学の考え方は、保育・教育・福祉・医療・家庭・組織など様々な場面で用いられており、行動の改善に効果的であることが示されてきました。

しかしながら、行動を分析する方法を身につけるためには、多くの練習が必要です。本書では、多くの事例を通して、それらを経験することができます。

行動の分析方法──ABC 分析

ABC 分析とは、行動の前後の様子を分析する方法です。A（Antecedent: 先行事象）、B（Behavior: 行動）、C（Consequence: 結果事象）の頭文字をとって名付けられました。先行事象とは行動が起きる直前の出来事、結果事象とは行動が起きた直後の出来事のことです。

ABC 分析では、A、B、C の 3 つの枠組みを用いて、行動を分析していきます。以下のように図示するとわかりやすくなります。それでは、スキル 1 からスキル 3 を用いて、ABC 分析を使った行動の分析方法を学んでいきましょう。

Ⓐ（Antecedent：先行事象）	Ⓑ（Behavior：行動）	Ⓒ（Consequence：結果事象）
行動の直前の出来事、環境 ⇩ **スキル2へ**	分析する行動 ⇩ **スキル1へ**	行動の直後の出来事、環境 ⇩ **スキル3へ**

行動について考えましょう

まずは、ABC分析のBである、分析する行動について考えていきましょう。B（行動）の欄には、次に示すポイントを踏まえながら、目の前にいる子どもの増やしたい行動や減らしたい行動を記入しましょう。

ポイント1　行動を具体的に表現しましょう

応用行動分析学では、行動に関して抽象的に表現するのではなく、できるだけ具体的に行動を表現します。例えば、"友だちに優しくする"や"友だちが嫌がることをする"という表現は抽象的です。抽象的な表現では、それに該当する行動が複数存在することになってしまいます。応用行動分析学では、行動を分析しやすいように、増やしたい行動や減らしたい行動がどのような行動であるのかが明確になるように、具体的に表現する作業から始めます。

● "友だちに優しくする"を具体的な行動にしてみましょう
- 友だちが物を落としたときに拾って渡す
- 友だちに「一緒に遊ぼう」と声をかける
- 友だちが作った作品を見て「上手だね」と声をかける
- 友だちが泣いていたら「どうしたの?」と声をかける
- 友だちに対して「頑張れ」と応援をする

● "友だちが嫌がることをする"を具体的な行動にしてみましょう
- 友だちの顔を叩く
- 友だちに向けて玩具を投げる
- 友だちに抱きつく
- 友だちの玩具を取る
- 友だちに「へたくそ」と言う

ポイント2　「〜する」という表現を使いましょう

応用行動分析学では、行動を分析する場合に、"叩かない"、"走らない"、"泣かない"、"投げない"といった"〜しない"ではなく、"〜する"といった表現の行動を対象とします。例えば、音楽の時間に教室から出てしまうリツ君の行動を分析するとき、減らしたい行動として"歌わない"行動を分析するのではなく、増やしたい行動である"歌う"行動や、減らしたい行動である"教室から出て行く"行動を分析します。

また、整列時に友だちに抱きつくハルキ君の行動を分析するとき、増やしたい行動として"抱きつかない"行動を分析することはしません。増やしたい行動である"友だちに触らないように整列する"行動や、減らしたい行動である"友だちに抱きつく"行動を分析します。

● 演習

14ページの演習シートを用いて、担当している子どもの行動を分析してみましょう。まずは前述したポイントに気をつけて、子どもの増やしたい行動、または、減らしたい行動をひとつ、B（行動）の欄に記入してみましょう。

スキル2
行動の直前の状況を考えましょう

次に、ABC分析のAである、先行事象について考えていきましょう。先行事象とは、行動が起きる直前の環境や出来事のことです。行動が起きる直前、誰がいて、どのようなことが起こっていたのかを、以下に示したポイントを参考にAの欄に記入してみましょう。

ポイント1　環境（人、物、時間、場所など）

特定の環境（人、物、時間、場所など）が行動に影響を与えることがあります。例えば、登園時、「大きい声で挨拶ができるね」と褒めてくれる先生が目の前にいると"大きい声で挨拶をする"行動が起きやすくなります。また、登園時、泣いたときは抱っこをしてくれるお母さんが目の前にいれば、"抱っこして欲しいときに泣く"行動が起きやすくなります。このような様子が見られるときには、以下のように示すことができます。

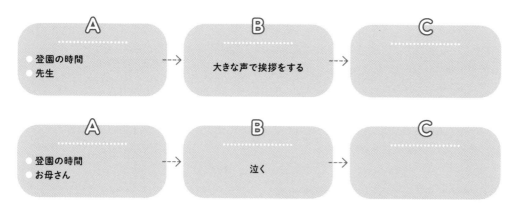

ポイント2　出来事

特定の出来事が行動に影響を与えることがあります。例えば、集会に参加している子どもは、園長先生が子どもたちを「皆さん、とても良い姿勢ですね」と褒める様子を見ると、"良い姿勢をする"行動が起きやすくなります。また、衝動性が高く外遊びが大好きな子どもは、先生の「お外に遊びにいくよ」という指示を聞くと、"外に向かって走り出す"行動が起きるかもしれません。このような様子が見られるときには、次のように示すことができます。

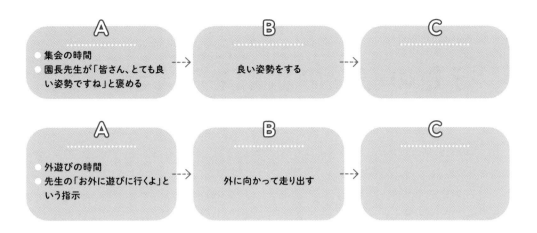

ポイント3 状況

　心身の健康状態やそのときの状況が行動に影響を与えることがあります。例えば、褒められることが続き、嬉しい気持ちのときは、遊びの時間、"お友だちを遊びに誘う"行動が起きやすくなります。一方、睡眠不足や活動がうまくいかないことが続くと、イライラした気持ちが起こり、"友だちを押す"などの行動が起きやすくなるかもしれません。このような様子がみられるときは、以下のように示すことができます。

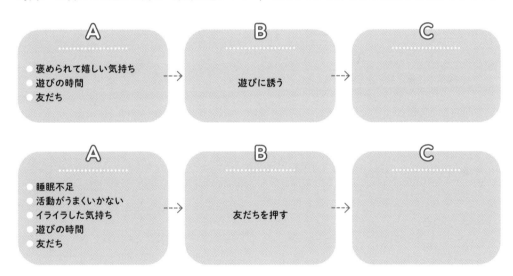

　第3章の90ページでは、先行事象が行動に与える影響について説明しています。先行事象について詳しく学びたい方はご参照ください。

● 演習

　14ページの演習シートのA（先行事象）の欄に、増やしたい行動、または、減らしたい行動の直前の出来事や環境をできるだけたくさん記入しましょう。その際、もし、思い浮かばないときは、前述したポイントを振り返りながら、思いついたことはすべて記入してみましょう。

　B（行動）の欄に増やしたい行動を記入し、その行動は起きたことがなかったり少なかったりする場合には、A（先行事象）がなかなか思いつかないかもしれません。その場合には、増やしたい行動を引き出すために、現在、行動の直前にどのように関わっているか、行動の直前はどういう環境であるのかなどを思い浮かべながら記入しましょう。

スキル3

行動の直後の状況を考えましょう

次に、ABC分析のCである、結果事象について考えていきましょう。結果事象とは、行動が起きた直後の出来事や環境のことです。

結果事象は行動を増やしたり減らしたりする影響をもちます。応用行動分析学では、行動を増やす影響をもつ結果事象を好子、行動を減らす影響をもつ結果事象を嫌子といいます。この好子や嫌子が出現したり、なくなったりすることで行動が増えたり、減ったりします。以下のポイントを参考にC（結果事象）の欄に結果事象を記入しましょう。

ポイント1　好子（こうし）

結果事象に好子が出現すると行動は増え、好子がなくなると行動が減ります。

例えば、砂場遊びが好きなリンちゃんは、事前に示されたルールで遊ぶことで先生から注目され、褒められました。そして、"ルールを守って遊ぶ"行動が増えました。このとき、C（結果事象）の欄に"先生から褒められる"、"先生から注目される"と記入することができ、以下のように示すことができます。そして、リンちゃんにとって"先生から褒められる"ことや"先生から注目される"ことが好子だとわかります。

行動の直後、好子が出現することによって行動が増える（好子出現による行動の強化）

一方、リンちゃんが望ましくない行動である"砂場の砂をまく"行動をしたら、一定時間、好きな砂場での遊びができないようにしました。その結果、リンちゃんの"砂場の砂をまく"行動が減りました。このとき、C（結果事象）の欄に

"砂場で遊べなくなる"と記入することができ、以下のように示すことができます。そして、リンちゃんにとっての好きな活動である"砂場で遊ぶ"という好子がなくなったために行動が減ったのだとわかります。

行動の直後、好子がなくなることによって行動が減る（好子消失による行動の弱化）

ポイント2　嫌子（けんし）

結果事象に嫌子が出現すると行動は減り、嫌子がなくなると行動は増えます。

例えば、周囲から注目されることが苦手なアカリちゃんは、"会話をする"行動の後、多くの友だちや先生から注目をされることを経験しました。その結果、アカリちゃんの"会話をする"行動が減りました。このとき、C（結果事象）の欄に"友だちから注目される"や"先生から注目される"と記入することができ、以下のように示すことができます。そして、アカリちゃんにとって、"先生から注目される"や"友だちから注目される"が嫌子だとわかります。

行動の直後、嫌子が出現することによって行動が減る（嫌子出現による行動の弱化）

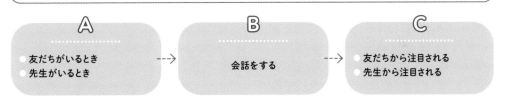

一方、友だちや先生から注目されたとき、アカリちゃんは"その場から離れる"行動の後、友だちや先生からの注目がなくなりました。その結果、アカリちゃんは"その場から離れる"行動が増えました。このとき、C（結果事象）の欄に"友だちからの注目がなくなる"、"先生からの注目がなくなる"と記入することができ、以下のように示すことができます。そして、アカリちゃんにとって"友だちから注目される"や"先生から注目される"という嫌子がなくなったために行動が増えたのだとわかります。

行動の直後、嫌子がなくなることによって行動が増える（嫌子消失による行動の強化）

応用行動分析学では行動が増えることを強化、行動が減ることを弱化といい、以下のようにまとめることができます。

	出現	消失
好子	行動が増える（強化）	行動が減る（弱化）
嫌子	行動が減る（弱化）	行動が増える（強化）

第3章の92ページでは、「好子」「嫌子」「強化」「弱化」を日常生活の行動の例を示しながら説明しています。結果事象について詳しく学びたい方はご参照ください。

● 演習

　以下の演習シートのC（結果事象）の欄に、増やしたい行動、または、減らしたい行動の直後の結果事象について記入しましょう。

　例えば、子どもがB（行動）の欄に記入した行動をしたとき、先生や友だちはどのような関わりをしていますか？　また、その子どもにとって、どのような出来事が起こりますか？　実際の場面を思い出しながら、C（結果事象）の欄に記入してみましょう。

　現在、減らしたい行動が多く見られているときは、C（結果事象）の欄にはその子にとっての好子が出現しているか、あるいは嫌子がなくなっているはずです。一方、増やしたい行動があまり見られないときは、C（結果事象）の欄にはその子にとっての嫌子が出現しているか、あるいは好子がなくなっているはずです。もしくは、好子がないために行動が増えないのかもしれません。この原則に沿って、子どもがB（行動）の欄に記入した行動を起こしている場面を思い出して、記入してみましょう。

　これらの作業を行っていると、スキル2（10ページ）の演習中には思い浮かばなかったA（先行事象）が見つかるかもしれません。そのときには、A（先行事象）の欄に追記しましょう。

演習シート

Ⓐ（先行事象）　　　　　Ⓑ（行動）　　　　　Ⓒ（結果事象）

→　　　　　　　→

行動に影響を与える
- 環境（人、物、時間、場所など）
- 出来事
- 状況

- 具体的な行動
- 「〜する」という表現

行動を増やす結果事象
- 好子が出現する
- 嫌子がなくなる

行動を減らす結果事象
- 嫌子が出現する
- 好子がなくなる

解決策を考えましょう

　スキル1から3を行うことで、14ページの演習シートのA（先行事象）、B（行動）、C（結果事象）の全ての欄が記入できたと思います。解決策の考え方は、大きく2つの方法があります。まずはABC分析のB（行動）を見てみましょう。B（行動）に「増やしたい行動」を記入した方は、18ページの「1. 増やしたい行動を増やすためのフローチャート」とスキル4–1に沿って、解決策を考えていきましょう。B（行動）に「減らしたい行動」を記入した方は19ページの「2. 減らしたい行動を減らすためのフローチャート」とスキル4–2に沿って解決策を考えていきましょう。

スキル4–1　増やしたい行動を増やす

ポイント1　B（行動）に記入した行動を確認する

　B（行動）に記入した行動は具体的で、「〜する」という表現にしていますか？　具体的に行動を記述することで、A（先行事象）、C（結果事象）を具体的に記入することができます。

ポイント2　C（結果事象）に好子があるか確認する

　B（行動）の後のC（結果事象）に行動を増やす好子が記入されていますか？　もし記入されていなかったら、赤ペンを用いて好子を追加させましょう。このとき、実際に行うことができる好子が良いでしょう。例えば、"褒め言葉"や"ハイタッチ"、"シール"や"花丸"など、普段から利用でき、他の子どもにも用いることができる好子を記入するようにしましょう。"玩具"のようなものもよいのですが、集団生活の場では、与えることが難しい場合もあるかもしれませんので、実際の場面で与えることが可能な好子を考えましょう。

ポイント3　C（結果事象）に嫌子がないか確認する

　B（行動）の後のC（結果事象）に行動を減らす嫌子が記入されていませんか？　例えば、運動が苦手な子どもで"運動に参加する"行動をしても、失敗経験ばかりすると、"運動に参加する"行動は減ってしまいます。もし、このように嫌子が記入されていれば、赤ペンを用いて嫌子が出現しないような工夫を記入しましょう。例えば、先生が支援をして失敗をすることが起きないようにしたり、運動の活動内容を変えたり、選択させたりするといった工夫があります。

ポイント4　A（先行事象）にB（行動）の行動が起きるための工夫があるか確認する

　B（行動）の行動を子どもが起こすような工夫がA（先行事象）に記入されていますか？　ポイント2でC（結果事象）に好子が記入されていても、B（行動）の行動が起きなければ行動を増やすことができません。そのため、B（行動）の行動を起こすような工夫が必要です。例えば、"増やしたい行動のお手本を示す"ことや"増やしたい行動をイラストで示す"といったA（先行事象）は子どもがB（行動）の行動を起こすきっかけになるでしょう。また、"増やしたい行動を起こしている友だちが褒められる"というA（先行事象）は、自分も褒められたいという気持ちになりB（行動）の行動を起こしやすくなります。

ポイント5　それでもB（行動）の行動が増えないとき

　それでもB（行動）の行動が増えないときは、その行動を子どもができるか確認しましょう。誰にでも、得意なことや苦手なことがあるように、全ての子どもが同じように行動できるわけではありません。例えば、多くの子どもが、自分から言葉を用いてコミュニケーションすることが

できますが、なかにはそれが苦手な子どももいます。そのときは、まずは先生が子どもに寄り添い、気持ちを尋ね、子どもが答えることが目標になるかもしれません。この場合、A（先行事象）に "近くに先生がいる" や "先生の問いかけ" があり、B（行動）には "先生の問いかけに答える"、C（結果事象）に "先生から褒められる" という新たなABC分析ができるでしょう。大切なことは、みんなと同じ行動が行えることではなく、その子どもにとって行うことが可能な、より望ましい行動を増やしていくことです。

また、A（先行事象）やC（結果事象）が本当に子どものB（行動）に影響を与えているか再度、確認することも大事です。例えば、A（先行事象）に "増やしたい行動をイラストで示す" とあったとしても、その子どもがイラストの存在に気付いていなければ効果がありません。その場合は、"増やしたい行動のお手本を示す" 方がB（行動）の行動を増やすきっかけになるでしょう。また、C（結果事象）で "外で遊ぶことができる" とあったとしても、もしかしたら、その子どもは外遊びが好きではないかもしれません。その場合は、C（結果事象）には "先生と話ができる" の方がB（行動）の行動を増やすかもしれません。このようにA（先行事象）やC（結果事象）を変更したり、追加したりして、いろいろと試してみましょう。

スキル4-2　減らしたい行動を減らす

ポイント1　B（行動）に記入した行動を確認する

B（行動）に記入した行動は具体的で、「～する」という表現にしていますか？　具体的に行動を記述することで、A（先行事象）、C（結果事象）を具体的に記入することができます。

ポイント2　C（結果事象）に好子がないか確認する

B（行動）の後のC（結果事象）に行動を増やす好子が記入されていませんか？　もし好子が記入されていたら、その好子が得られないような対策を赤ペンで記入しましょう。例えば、現在

のC（結果事象）には "玩具が手に入る" といった好子が記入されていれば、"玩具が手に入らない" というように赤ペンで記入しましょう。

ポイント3　A（先行事象）にB（行動）を起こしてしまう要因がないか確認する

子どもがB（行動）を起こしてしまう要因がA（先行事象）に記入されていませんか？　例えば、"遊べる玩具がなく、することがない状況" のときには、"友だちの玩具を取る" 行動が起こりやすくなってしまいます。そのため、このような状況がないように、赤ペンで "先生や友だちとの関わりがある" や "好きな玩具や活動で遊ぶことができる" という状況を記入しましょう。

ポイント4　それでもB（行動）の行動が起きてしまうとき

それでもB（行動）の行動が起きてしまうとき、まずはB（行動）に替わる、より望ましい行動が増える関わりができているか確認をしましょう。例えば、先生や友だちから注目を得るために、"友だちを叩く" 行動をしてしまう子どもがいたとします。その子どもに対して、友だちから離して、できる限り注目を与えないように「ダメよ」と一言だけ言うように関わったとします。このような対応は、確かに減らしたい行動は減らすことができるかもしれませんがそのような対応だけでは、注目を得たいという子どもの気持ちを満たすことができません。そのため、より望ましい行動である "活動に参加する" 行動や "友だちと遊ぶ" 行動に対して注目をすることが必要になってきます。

また、もしかしたら現在のC（結果事象）がB（行動）を増やす好子になっている可能性がないか確認してみましょう。例えば、"玩具を投げる" 行動の後に "先生から注意される" というC（結果事象）があったとき、その関わりが子どもにとっては先生からの注目や関わりになっている可能性があるかもしれません。そのようなときも、原則、"玩具を投げる" 行動の後には注目を与えず、"玩具で遊ぶ" 行動の後に注目を与

える関わりが必要になってきます。

　以上の流れが、行動の分析や解決策を考える際に用いられるABC分析という方法です。このように、望ましい行動を増やすときは、増やしたい行動の後に好子を出現させて行動を強化すること、そして、嫌子が出現していないか確認し、出現していれば、出現しないような工夫をします。

　一方、望ましくない行動を減らすとき、減らしたい行動の後に好子が出現していないか確認し、出現していれば、出現しないように工夫をします。そして、同時に望ましい行動に好子を出現させて増やしたい行動を強化します。

　ここで重要なことは、減らしたい行動に嫌子を出現させて、行動を減らす関わりを主な関わりとしないことです。例えば、"友だちを叩く"行動といった望ましくない行動に対して、厳しい叱責をするというような関わりだけを行うことです。このような関わりはやむを得ず必要な場合に限るべきです。嫌子を用いる関わりは、怒りなどの感情や攻撃的な行動を引き起こしたり、嫌子が出現する場面や人を避けるようになったりするという、新たな問題が起こることにつながります。嫌子を用いる関わりの注意点について、コラム1（→20ページ）で詳しく説明していますので必ずお読みください。

● **演習**

　14ページの演習シートにA（先行事象）、B（行動）、C（結果事象）の全ての欄が記入されていると思います。その記入されているシートの欄の、改善する必要があると思われる内容に対して、赤ペンを用いて、解決策のアイデアを書き加えていきましょう。その際、B（行動）に「増やしたい行動」を記入した方は、18ページの「1. 増やしたい行動を増やすためのフローチャート」とスキル4–1に沿って、解決策を考えていきましょう。B（行動）に「減らしたい行動」を記入した方は19ページの「2. 減らしたい行動を減らすためのフローチャート」とスキル4–2に

沿って解決策を考えていきましょう。

　14ページの演習シートを用いて、様々な行動の分析を練習することで、少しずつコツがつかめてくると思います。

　しかし、ABC分析の書き方がわからなかったり、ABC分析を行っても解決策がすぐには思いつかなかったりするかもしれません。その場合は、第2章の実際の事例に関するABC分析や解決策の方法を先に読んでみてください。そして、第2章の例を参考にして、再び演習シートを用いて、実際に担当している子どもの行動のABC分析を行い、解決策を考えてみてください。

　また、14ページの演習シートにあるABC分析の枠はどのような紙にでもすぐに作成できます。思いついたら、手元にある紙に手書きでABC分析の枠を書き、行動の分析を行い、解決策を考えてみるとよいでしょう。

解決策

を考えるための
フローチャート

1 ▶

増やしたい行動を増やすための フローチャート

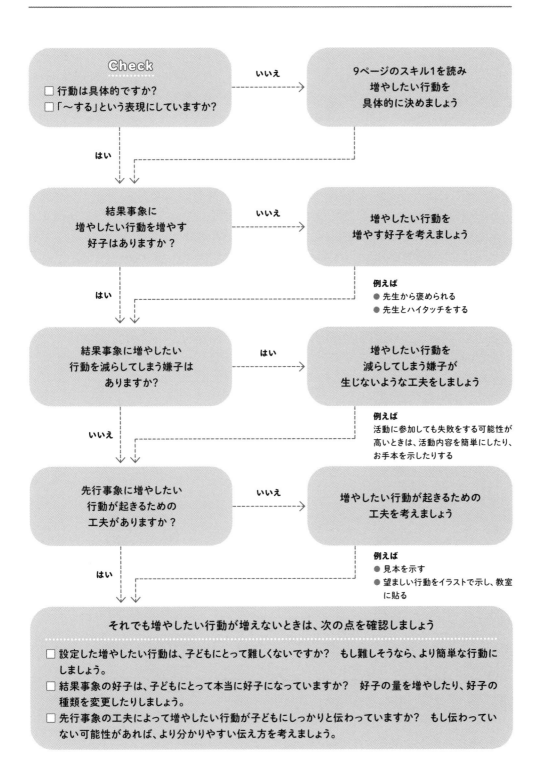

Check

- ☐ 行動は具体的ですか?
- ☐ 「〜する」という表現にしていますか?

いいえ ----->

9ページのスキル1を読み
増やしたい行動を
具体的に決めましょう

はい

結果事象に
増やしたい行動を増やす
好子はありますか?

いいえ ----->

増やしたい行動を
増やす好子を考えましょう

例えば
- 先生から褒められる
- 先生とハイタッチをする

はい

結果事象に増やしたい
行動を減らしてしまう嫌子は
ありますか?

はい ----->

増やしたい行動を
減らしてしまう嫌子が
生じないような工夫をしましょう

例えば
活動に参加しても失敗をする可能性が
高いときは、活動内容を簡単にしたり、
お手本を示したりする

いいえ

先行事象に増やしたい
行動が起きるための
工夫がありますか?

いいえ ----->

増やしたい行動が起きるための
工夫を考えましょう

例えば
- 見本を示す
- 望ましい行動をイラストで示し、教室
  に貼る

はい

それでも増やしたい行動が増えないときは、次の点を確認しましょう

- ☐ 設定した増やしたい行動は、子どもにとって難しくないですか? もし難しそうなら、より簡単な行動に しましょう。
- ☐ 結果事象の好子は、子どもにとって本当に好子になっていますか? 好子の量を増やしたり、好子の 種類を変更したりしましょう。
- ☐ 先行事象の工夫によって増やしたい行動が子どもにしっかりと伝わっていますか? もし伝わってい ない可能性があれば、より分かりやすい伝え方を考えましょう。

18

解決策
を考えるための
フローチャート　**2** ▶ 　減らしたい行動を減らすための
フローチャート

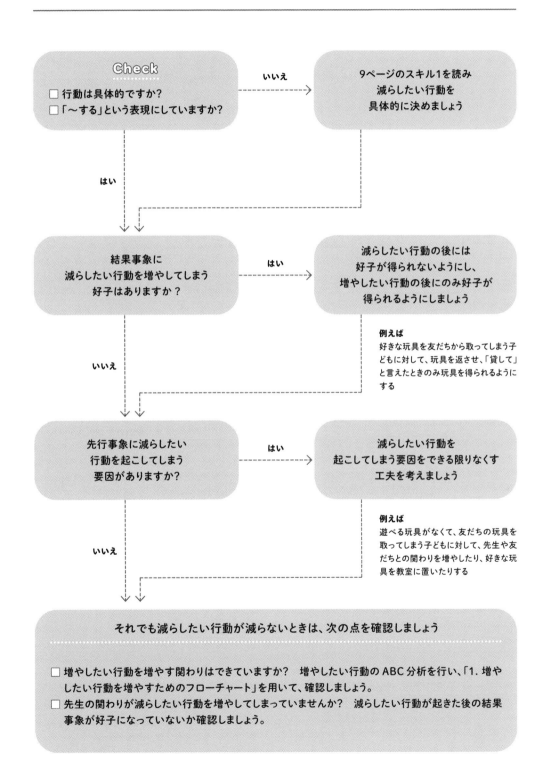

Check
- ☐ 行動は具体的ですか？
- ☐ 「〜する」という表現にしていますか？

いいえ ┈┈▶ 9ページのスキル1を読み
減らしたい行動を
具体的に決めましょう

はい

結果事象に
減らしたい行動を増やしてしまう
好子はありますか？

はい ┈┈▶ 減らしたい行動の後には
好子が得られないようにし、
増やしたい行動の後にのみ好子が
得られるようにしましょう

例えば
好きな玩具を友だちから取ってしまう子
どもに対して、玩具を返させ、「貸して」
と言えたときのみ玩具を得られるように
する

いいえ

先行事象に減らしたい
行動を起こしてしまう
要因がありますか？

はい ┈┈▶ 減らしたい行動を
起こしてしまう要因をできる限りなくす
工夫を考えましょう

例えば
遊べる玩具がなくて、友だちの玩具を
取ってしまう子どもに対して、先生や友
だちとの関わりを増やしたり、好きな玩
具を教室に置いたりする

いいえ

それでも減らしたい行動が減らないときは、次の点を確認しましょう

- ☐ 増やしたい行動を増やす関わりはできていますか？　増やしたい行動のABC分析を行い、「1. 増や
したい行動を増やすためのフローチャート」を用いて、確認しましょう。
- ☐ 先生の関わりが減らしたい行動を増やしてしまっていませんか？　減らしたい行動が起きた後の結果
事象が好子になっていないか確認しましょう。

嫌子を用いた関わりを行うことの影響

行動の結果事象に嫌子（行動を減らすような環境や出来事→92ページ）が伴うことによって、その行動を減らすことができます。しかし、嫌子を用いることは、行動を減らすといった現象の他に、別の異なる望ましくない行動を増やしたり、望ましくない行動を見えにくくしたりするといった、新たな問題が起こることがあります。

嫌子を用いることの影響には次のことがあります。

1. 嫌子を用いることを学習する

嫌子を用いる様子を見たり嫌子を用いられたりすることによって、同じ方法を用いるようになってしまうことがあります。

● 例1：「ダメでしょ」といった叱責を子どもが真似するようになり、教室にそのような言葉が飛び交うようになった。

● 例2：家庭で望ましくない行動をしたときに手を叩いてやめさせていたら、保育所で友だちに対して手を叩くようになった。

2. 嫌子を用いることにより怒りなどの感情や攻撃的な行動を引き起こす

嫌子を用いられることによって、怒りといった感情や攻撃的な行動を引き起こしてしまうことがあります。

● 例1：手でご飯を食べていたので、「汚いでしょ！」と言って手を叩くと、大声で泣きながらお皿をひっくり返してしまった。

● 例2：宿題をしないので、大きな声で叱責をしてテレビを消したら、壁を蹴って穴を開けてしまった。

3. 嫌子を用いる人がいる場面でのみ行動が減る

嫌子は行動を減らしますが、それは一時的であったり、嫌子を用いる人の前でのみ行動が減るようになったりします。

● 例1：友だちの玩具を取るたびに、叱責をして取り上げるようにした。先生の前では友だちの玩具を取ることはなくなったが、その先生がいないときや、目が届かないところでは友だちの玩具を取っていた。

● 例2：家でゲームをすることを叱責したら、友だちの家でゲームをするようになった。

4. 嫌子を用いる人との関係性が悪くなる

望ましくない行動をしたときにのみ嫌子を用いるようにしたとしても、嫌子を用いる人

自身を嫌ったり、関係性が悪くなったりすることがあります。

● 例：望ましくない行動をしたときに厳しく叱責をしたり、外に出したりしていたら、甘えたり、話しかけたりする回数が減ってきた。

　以上のように、望ましくない行動に嫌子を用いることだけを多用すると、その行動を減らす以外の影響があります。もちろん、叱ってはいけない、というわけではありません。自分や他者を傷つける行動や、命に関わるような危険な行動に対して、叱ることもあると思います。

　よって、嫌子を用いることだけではなく、次のような点に注意しながら関わることが大切です。

1. 行うことができる望ましい行動を示し、分化強化（望ましくない行動を消去しながら望ましい行動を強化する方法→98ページ）する

　望ましくない行動を減らす関わりのみでは、望ましい行動を増やすことにつながりにくく、さらに、上記のように様々な影響があります。そのため、分化強化を用い、望ましい行動が起きたら強化し、望ましくない行動が起きたら消去するといった、メリハリをつけて関わることが大切です。そうすることによって、より確実に望ましい行動を増やすことができます。

　大人が褒めることをたくさん行うことで、子どもは褒められることをたくさん経験し、子どもの望ましい行動が増えます。そして、お互いの信頼関係が構築されます。このように、望ましい行動をたくさん増やすことで、必ず望ましくない行動は減るのです。

2. 望ましい行動が起きやすいような先行事象、望ましい行動を増やす結果事象を整理する

　先行事象と結果事象はともに、行動に影響を与えます。望ましい行動が起きやすくなるような先行事象として、見本を示したり、やる気を高めるような声かけをしたり、約束をしたりすることがあるでしょう。また、望ましい行動が起きた後の結果事象として、しっかり褒めたり、認めたり、好きなシールをあげたりすることがあります。

3. 嫌子を用いる方法ではなく、好子を減らす方法を用いる

　友だちや自分、公共の物を傷つけるような行動は、すぐにやめさせなければなりません。そのような方法のひとつとして、一定期間、好きな活動に従事できなくするタイムアウトという方法があります。タイムアウトによって、子どもが好きな活動に従事できなくなるということは、子どもにとっては好子が得られなくなる、減らされる、ということです。

　例えば、サッカーでは、相手の選手を怪我させるような危険な行動をした選手に対しレッドカードという、一定期間、試合に参加させないような方法があります。また、運転免許停止なども同じような例に含まれます。

　タイムアウトを実施するときには、あくまでも一定期間のみ活動に従事することができないということであり、活動そのものを全く行えないようにすることではありませんので、気をつけましょう。また、タイムアウトを実施することによって、望ましくない行動が本当に減っているのか確認しながら実施することが大切です。

第 2 章

「どうしてだろう?」
から始まる
園児への関わり方

第2章では、保育場面で実践した支援の事例を紹介します。

前半部分は、園児の様子、「どうしてだろう?」という視点、
保育者が実施した支援と園児の変化を記載しています。これらを読むと、
実際の保育場面での園児の様子、保育者が実施した支援と園児の変化が想像でき、
園児への関わり方のヒントになると思います。

後半部分は、ABC分析を用いて園児の行動を分析し、「どうしてだろう?」という
疑問を解決する過程と、保育者の関わりがどのようにして子どもの行動に影響を
与えたのかを解説しています。これらを読むと、今まで保育者の
関わりがどうして上手くいかなかったのか、関わり方を変えたらどうして
上手くいくようになったのかを知ることができます。

また、事例の最後に、支援で用いられた応用行動分析学の理論について、
特に大切なポイントを紹介しています。理論を学ぶことで、
実際の保育場面での園児の支援に応用することが可能となります。
ぜひ、事例や分析過程を知るだけではなく、応用行動分析学の理論も学び、
実際の保育場面で応用してみてください。

登園時に泣いてしまう 1

泣いた後の周りの関わりが泣く行動を増やしてしまったケース

園児の様子 4歳

ハルト君は元気に登園していて、車から一目散に保育所に向かい、お母さんもすぐに仕事に行くことができていました。ところが、最近は保育所に着く頃になると、車の中で泣き出してしまい、なかなか降りようとしません。泣き止まないときは、お母さんは保育所の玄関まで抱っこをして連れていきました。それでも泣き止まないときは、先生が玄関に迎えにきて、教室に入るように声をかけたり、抱っこをして一緒に教室に入ったりしました。お母さんと先生は、今までは元気に登園していたのに急に泣くようになってしまい不思議に思っています。

教室に入っても、泣き続けることはありましたが、朝の準備をしたり、活動が始まったりすると泣き止み、笑顔で活動に参加しました。ハルト君は登園のとき以外で泣くことはなく、たくさんの友だちがいて、毎日、楽しそうに園生活を送っていました。

どうしてだろう ?

お母さんは、ハルト君が泣かずに保育所の玄関に入り、先生と出会えたことを確認すると、すぐに仕事に向かってしまいます。先生は、ハルト君が泣いていないときは、挨拶をしたらその場を離れてしまいます。

一方、ハルト君が泣き出すと、お母さんや先生は、ハルト君を抱っこしたり、話しかけたりします。ハルト君にとって、泣くとお母さんや先生がかまってくれるなど関わる時間が長くなります。この、お母さんや先生が構ってくれることが、ハルト君の泣く行動を増やしてしまっているのです。

解決に導いた支援 →

先生は、ハルト君が進んで保育所の教室に入るように、毎朝、ハルト君の好きな車のシールを机の上に置きました。そしてお母さんや先生は、そのことをハルト君に伝えました。

また、お母さんは、ハルト君が歩いて教室に入るまで、手を振りながら笑顔で見送りました。先生は教室でハルト君を待ち、ハルト君が教室に入ると「ハルト君、おはよう」、「1人で来ることができたね」、「ハルト君、すごいね」と1人で教室まで来たことを褒め、ハイタッチをしました。ハルト君は教室に入ると先生に褒められ、車のシールを連絡帳に貼ることができました。

"教室に入る"行動の後、お母さんは仕事に向かってしまいますが、"泣く"行動の後には、お母さんが声かけや抱っこをしてくれて、先生も迎えに来てくれます。このような関わりがハルト君の"泣く"行動を増やしていました。

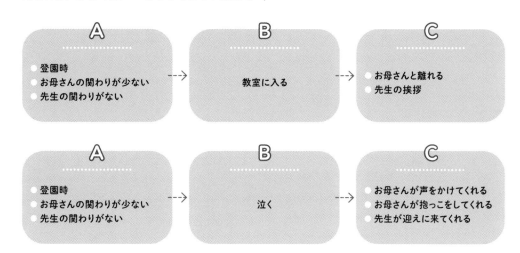

そこで、お母さんは、ハルト君が教室に入るまで笑顔で見送りました。また、"教室に入る"行動の後には、先生が褒めながらハイタッチをして関わってくれます。さらに、机の上には、ハルト君の好きな車のシールが置いてあります。ハルト君はお母さんに見送られ、先生に褒められることと車のシールを連絡帳に貼ることを楽しみに、泣かずに"教室に入る"行動が見られるようになりました。

先行事象

ハルト君の"教室に入る"行動が起きやすくなるように、"教室に入る"行動の前に、ハルト君の好きな車のシールを教室に置き、教室に車のシールがあることを伝えました。また、"教室に入る"行動が起きるまでお母さんが笑顔で見送るようにしました。そうすることによって、ハルト君の"教室に入る"行動が起きやすくなりました。

結果事象
好子出現による行動の強化

ハルト君は"教室に入る"行動の後、先生から褒められたり、ハイタッチをしてもらえたりしました。また、"教室に入る"行動の後、ハルト君は好きな車のシールをもらうことができました。そうすることによって、ハルト君の"教室に入る"行動が増えました。

CASE
02

登園時に泣いてしまう 2

玩具で遊べることが泣く行動を増やしているケース

園児の
様子
5
歳

ソウタ君のクラスでは朝の準備を終えたら遊んでいいことになっていました。しかし、ソウタ君は教室に入ると、一目散に玩具のところへ走っていきます。お母さんや先生が止めようとすると、大きな声を出したり泣いたりします。あまりにも大きい声なので、お母さんや先生は玩具で遊ぶことを許してしまいます。ソウタ君が大きな声で泣くことは、やりたいことを大人から止められるような他の場面でも見られました。

どうして
だろう
?

玩具で遊ぶことをお母さんや先生に止められても、ソウタ君は泣いたり大きな声を出したりすれば遊ぶことができました。これらのことを経験し、泣いたり大きな声を出したりすれば、思い通りになるということを学んでしまっていました。

解決に
導いた
支援
→

ソウタ君は友だちが遊んでいる様子や玩具が見えると遊びたい気持ちが強くなります。そのため、先生は遊びコーナーに衝立を置き、朝の準備をしている間は、友だちや玩具が見えないようにしました。また、教室の入り口に、朝の準備ができたら遊んでいいことをイラストで描き、ソウタ君に伝えました。先生はソウタ君が遊びコーナーに行かないように見守りながら、ソウタ君が朝の準備をしている様子を褒めました。

そして、ソウタ君が朝の準備を終えたら、「朝の準備、上手にできたね」、「遊びに行ってもいいよ」と褒めました。

先生はソウタ君の朝の準備が習慣化するまで、近くで褒めながら見守りました。そして、近くに先生がいなくても、ソウタ君が1人で朝の準備をすることができるように、先生は少しずつ離れるようにしました。

ソウタ君は玩具や遊びコーナーが見えてしまうと、玩具で遊びたくなってしまいます。そして、"泣く"行動の後には、玩具で遊ぶことができました。

A
● 登園時
● 玩具がある
● 遊びコーナーが見える
● お母さんに制止される

B
泣く

C
● 玩具で遊ぶことができる
● お母さんに制止されない

そこで、玩具で遊ぶエリアと朝の準備をするエリアを衝立で分け、朝の準備をしている間、遊びコーナーが見えないようにしました。また、"朝の準備をする"行動の前に、イラストで朝の準備を終えたら遊ぶことができることを伝えました。ソウタ君の"朝の準備をする"行動の後、近くにいた先生は言葉で褒め、ソウタ君は遊びコーナーで遊ぶことができました。

A
● 登園時
● 活動の流れを示したイラスト
● 遊びコーナーが見えない

B
朝の準備をする

C
● 先生に褒められる
● 玩具で遊ぶことができる

ソウタ君は活動の流れを理解し、朝の準備を終えるまで遊びコーナーに行くことがなくなりました。これまでのように遊びに行くことを止められることがなくなり、ソウタ君は登園時に泣くこともなくなりました。また、イラストで事前に活動を伝えることは様々な場面にも応用でき、ソウタ君が保育所で泣くことは減っていきました。

先行事象

ソウタ君の"朝の準備をする"行動が起きやすくなるように、"朝の準備をする"行動の前に、朝の準備をしたら遊ぶことができることを伝えました。そうすることによって、ソウタ君の"朝の準備をする"行動が起きやすくなりました。

プレマックの原理

ソウタ君の"玩具で遊ぶ"行動は、"朝の準備をする"行動よりも頻繁に見られる行動でした。"朝の準備をする"行動を終えたら、"玩具で遊ぶ"行動ができるようにすることで、"朝の準備をする"行動が早くできるようになりました。

CASE

03 遊びに消極的 1

遊びのスキルが不足しているケース

園児の様子 3歳

　園児たちは粘土遊びをしていました。作品を作って「先生、見て」と言いながら作品を見せたり、友だち同士で協力して作品を作ったりしていました。しかし、ミナト君は落ち着かず、教室の中を歩きまわったり、廊下に出たりしていました。先生が「ミナト君、粘土するよ」と言うと、席に戻って粘土を触るのですが、すぐに粘土遊びをやめてしまいました。

　そこで、先生はミナト君に粘土で団子を作る様子を見せ、真似をさせてみました。すると、ミナト君は一生懸命に丸めようとするのですが、どうしても紐状になってしまいます。

どうしてだろう ？

　ミナト君は先生に声をかけられたときに粘土を触ったり、先生の真似をしようとしたりするなど、粘土を使って遊ぼうとしますがうまく遊ぶことができませんでした。しかも、うまく遊べないことを先生や友だちに伝えることができないため、教室の中を歩きまわったり、廊下に出たりして、積極的に遊びに参加できなかったのです。

解決に導いた支援 →

　先生は、2つの方法を考えました。1つ目はミナト君ができる遊びを教えることです。ミナト君は紐状にすることができたので、カタツム

リやドーナツの作り方を教えました。そして、みんなにミナト君の作品を紹介しました。園児は「ミナト君、すごーい！」と言いながら、みんなも一斉にカタツムリを作り始めました。粘土遊びでは活躍する機会がなかったミナト君は、照れながらも嬉しそうにしていました。

　2つ目はミナト君が遊べるような道具を準備することです。他の園児はへらやローラーを使って、創造力を働かせて作品を作って楽しんでいましたが、ミナト君はへらやローラーを上手く使うことができません。そこで、型抜きを準備しました。ミナト君は型抜きで遊ぶことはできました。この型抜きは、とても楽しいようで、これまで以上にミナト君は遊びに参加するようになりました。

**支援の
ポイント**

ミナト君は、遊び方が分からなかったり、上手く遊ぶことができなかったりして、粘土の遊びに参加しようとしませんでした。

ABC分析を見ると分かるように、"粘土で遊ぶ"行動の後に本来の楽しみである、上手く作品ができたり、褒められたりすることがありません。そのため、"粘土で遊ぶ"行動が起きにくかったのです。

そこで、先生は粘土を用いた遊びのお手本を示し、ミナト君がうまく粘土で遊べるようにしました。"先生のお手本通りに粘土で遊ぶ"行動の後には、作品ができ、先生や友だちから褒められました。

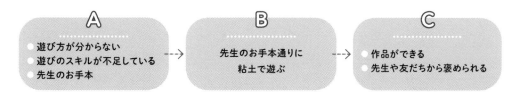

また、ミナト君が遊ぶことができる型抜きを準備することで、"粘土で遊ぶ"行動の後、作品がうまくでき、先生や友だちから褒められるようになりました。

このように、これまではうまく遊ぶことができずに、粘土遊びに参加しようとしなかったミナト君ですが、先生がお手本を示したり道具を用意したりすることで、上手く作品を作ったり、先生や友だちと遊んだりすることができるようになりました。

**考え方の
ポイント
ABA
の理論**

先行事象

ミナト君の"粘土で遊ぶ"行動が起きやすくなるように、"粘土で遊ぶ"行動の前に、粘土で遊ぶお手本を示したり、型抜きといった道具を準備したりしました。そうすることによって、ミナト君の"粘土で遊ぶ"行動が起きやすくなりました。

結果事象
好子出現による行動の強化

ミナト君は"粘土で遊ぶ"行動の後、上手く作品ができたり、先生や友だちから褒められたりするようになりました。そうすることによって、ミナト君の"粘土で遊ぶ"行動が増えました。

CASE 04 遊びに消極的 2

間違いや注意されることを避けるために遊びに参加しないケース

園児の
様子
6
歳

運動会のダンスの練習場面です。先生は曲を流し、園児に振り付けのお手本を見せました。園児は、先生の様子を見ながら、楽しそうにダンスの練習をしていました。園児は振り付けを間違えてしまうこともありますが、先生が優しく教えてくれ、どんどん上手になっていました。でも、メイちゃんは参加しようとせず、その場に座り込んでしまいました。先生が近くに行き、声をかけるのですが、どうしても参加しようとしません。その日は、ダンス以外の活動はいつも通り参加しており、笑顔で友だちと遊んでいたため、体調が悪い様子でもありません。次の日も、また次の日も、メイちゃんはダンスの練習に参加しようとしませんでした。

どうして
だろう
？

新しいダンスは動きが多く、メイちゃんはまだ振り付けを覚えていません。そのため、今、メイちゃんがダンスの練習に参加すると、間違えてしまったり、注意されてしまったり、どのように手足を動かしたら良いか分からずに不安になってしまったりするかもしれません。しかし、ダンスの練習に参加しなければ、間違えたり注意されたりすることはありません。そのため、メイちゃんはダンスの練習に参加しようとしないのです。

解決に
導いた
支援
→

メイちゃんはダンスが嫌いなのではなく、振り付けが分からない状況があり、間違えたり注意されたりすることを避けるために参加することを拒んでいるのです。そこで、先生はメイちゃんに、先生や友だちの振り付けを見て、覚えるように伝えました。そして、無理に踊ることを促さずに、先生や友だちが踊るのを見るように伝えました。

また、家でも練習できるように、先生のダンスの様子を DVD に録画して保護者に渡しました。運動会の1週間前、メイちゃんは自分からダンスの練習に参加するようになり、完璧に踊ることができました。

メイちゃんは、ダンスの振り付けが分からないため、参加を嫌がりました。それは、これまでに、"練習に参加する"行動の後、振り付けを間違えたり、間違いを指摘されたりしたため、"練習に参加する"行動が減ってしまったのです。

先生はメイちゃんを含め、園児が練習に参加して踊る様子を褒めていたのですが、それでも、メイちゃんの"練習に参加する"行動は増えませんでした。

そこで、メイちゃんが振り付けを覚えることができるように、先生や友だちがダンスをしている様子を見せたり、振り付けの DVD を作成

して家で見ることができるようにしたりしました。

メイちゃんは、振り付けを覚え、踊ることができると思ったら、"練習に参加する"行動が起きました。それは、"練習に参加する"行動の後

に振り付けを間違えることがなくなり、先生に褒められるようになったからです。

結果事象
嫌子出現による行動の弱化

メイちゃんは"練習に参加する"行動の後、振り付けを間違えたり、間違いを指摘されたりしました。その結果、メイちゃんの"練習に参加する"行動は減っていきました。

モデリング

先生はメイちゃんが振り付けを覚えることができるように、先生や友だちのダンスをしている様子を見せました。また、ダンスをしている先生を録画した DVD を作成して、家で見ることができるようにしました。メイちゃんは先生や友だちのお手本を見て、真似をしながらダンスの振り付けを学ぶことができました。

友だちの玩具を取ってしまう 1

欲しいことをうまく伝えられないケース

**園児の
様子
3
歳**

ユウト君は、遊びの時間、友だちが遊んでいる玩具を取ってしまい、トラブルになることが頻繁にありました。友だちが玩具を取り戻そうとすると、叩いてしまいます。先生がユウト君に、「これは、友だちが使っていたものだから、取ったらダメだよね」と説明すると、頷いて遊びに戻るのですが、しばらくするとまた友だちの玩具を取ってしまいます。

**どうして
だろう
?**

ユウト君の玩具を取る行動の背景には、「その玩具、僕も使いたい」という気持ちがあります。しかし、ユウト君は「僕も使いたい」という気持ちを適切に表現する方法を学んでいませんでした。そのため、玩具を取ってしまうのです。

**解決に
導いた
支援
→**

先生は、ユウト君が玩具を取ったときは、「玩具が欲しかったの？ 貸してって友だちに言うといいよ」とユウト君に伝えました。そして、玩具を友だちに戻し、ユウト君に「貸して」と言わせるようにしました。また、友だちが「待ってね」と言ったり、もう少し遊びたい様子を見せたりしたときは、「じゃあ、あと5回したら、貸してくれる？」と先生が友だちに聞いたり、ユウト君に「あとで貸してくれるから、一緒に待とうね」と説明をしたりしました。この関わりは、玩具を取ることを減らすためのものではなく、友だちに「貸して」と言うことを増やすためのものです。

ユウト君は、今でもまれに友だちの玩具を取ってしまうことがあります。しかし指摘されると、自分から「貸して」と言えるようになり、友だちとのトラブルも減っていきました。

ユウト君の"友だちから玩具を取る"行動の背景には、「玩具が欲しい」という気持ちがありました。しかし、玩具を貸してもらうためにど

うしたら良いか分からないため、"友だちから玩具を取る"行動が起きてしまっていました。

先生は状況に合った望ましい行動として、"友だちに「貸して」と言う"行動を教えました。まず、"友だちから玩具を取る"行動を減らすために、ユウト君が玩具を取ったときは「取ったらダメだよね」と説明をして、すぐに友だちに返

しました。そして、「貸して」と言うお手本を示しました。ユウト君がお手本を真似して"友だちに「貸して」と言う"行動の後、玩具を貸してもらえ、先生から褒められました。

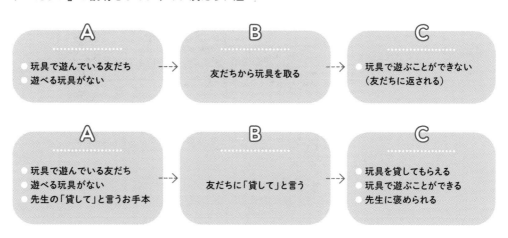

　このように、望ましくない行動を減らすだけではなく、園児がなぜその行動をするのかを観察して明らかにし、より望ましい行動を教えることが大切です。

行動の機能
要求
　ユウト君の"友だちから玩具を取る"行動の背景には、「玩具が欲しい」という気持ちがあり、玩具が得られることで、"友だちから玩具を取る"行動が増えていました。

分化強化
　ユウト君の"友だちから玩具を取る"行動の後は、玩具で遊ばせないように、すぐに玩具を友だちに返しました。一方で、ユウト君の"友だちに「貸して」と言う"行動の後だけ玩具を貸してもらえ、先生に褒められるようにしました。

CASE
06

友だちの玩具を取ってしまう 2

友だちと遊びたいことを伝えられないケース

園児の様子 3歳

リク君は、友だちを押したり、友だちが遊んでいる玩具を取ったりします。友だちが積み上げた積み木を倒すこともあります。そのとき友だちはリク君を追いかけ、リク君は友だちが追いかけてくることを確認しながら、楽しそうに逃げています。

先生は、リク君は友だちが遊んでいる玩具が欲しいため、押しているのだと思い、同じ玩具を渡しましたが、遊ぼうとしませんでした。

どうしてだろう ?

リク君の友だちから追いかけられることを楽しんでいる様子や玩具を手渡されても遊ぼうとしない様子から、リク君は友だちとの関わりが欲しいのだと考えられます。しかし、リク君はどのように伝えたら良いのか分からず、友だちを押したり玩具を取ったりして、気を引いているのです。

解決に導いた支援 →

先生はリク君に対して、友だちとの遊び方と友だちの誘い方を教えることにしました。まず友だちとの遊び方を教えるために、先生は数名の他の園児との遊びにリク君を誘いました。遊びは、積み木やブロックを組み立てることや、おままごとでした。どれもリク君の友だちが普段している遊びのうち、リク君も参加できる遊びです。先生はリク君に対して、遊び方のお手本を示したり、説明したりしました。リク君が先生の説明がなくても一緒に遊ぶことができるよ

うになったら、先生はその場を離れ、園児だけで遊ぶ環境にしました。

次に、先生はリク君が友だちと遊びたそうに見ているときに、「入れて、と言ってごらん」と小声で伝えました。先生はリク君が友だちに「入れて」と言えるまで付き添いました。このような練習を何回か繰り返すと、リク君は自分から友だちに「入れて」と言えるようになり、友だちと遊べるようになりました。

支援のポイント !

リク君の"友だちを押す"行動や、"玩具を取る"行動は、その後に友だちとの関わりが得られることで増えていました。

34

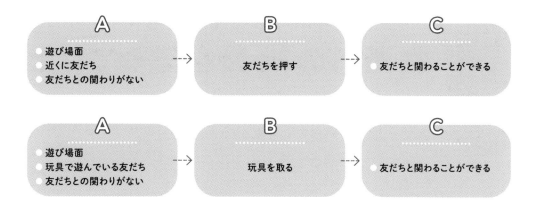

しかし、"友だちを押す" 行動や "玩具を取る" 行動は望ましい行動ではありません。より望ましい行動で友だちと関わることができるように、先生はリク君に対して、遊び場面を利用して "友だちと積み木やブロックで遊ぶ" 行動や "友だちに「入れて」と言う" 行動をお手本を示しながら教えました。リク君は先生のお手本を真似することで友だちと関わることができました。

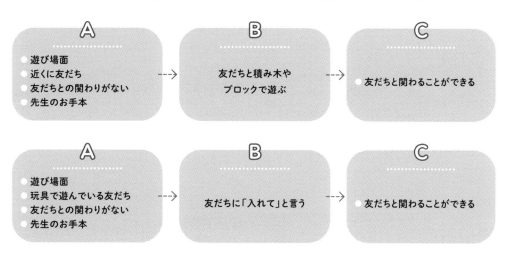

行動の機能
要求

リク君の "友だちを押す" 行動の背景には、「友だちと遊びたい」という気持ちがあり、友だちとの関わりが得られることで、"友だちを押す" 行動が増えていました。

機会利用型指導法

リク君の "友だちと積み木やブロックで遊ぶ" 行動や "友だちに「入れて」と言う" 行動を練習するために、遊び時間を利用し、"友だちと積み木やブロックで遊ぶ" 行動や "友だちに「入れて」と言う" 行動を教えました。

モデリング

リク君が友だちとの遊び方や遊びに参加する方法を学ぶために、先生は積み木やブロックの遊び方や友だちに「入れて」と言うことのお手本を示しました。リク君は先生のお手本を見て、真似をしながら学ぶことができました。

CASE 07 友だちの玩具を取ってしまう 3

適切に関わっていてもうまくいかないケース

園児の様子 6歳

ヒマリちゃんは積み木やパズルで遊んでいるときに、友だちの玩具を取ってしまうことがありました。ヒマリちゃんは「貸して」や「入れて」と言葉で伝えることができていましたが、このように友だちの玩具を取る様子も頻繁に見られました。また、友だちが使っている玩具を取ろうとする行動は、ヒマリちゃん以外の園児にも見られ、遊びの時間は、園児同士のトラブルが絶えませんでした。

どうしてだろう ?

「貸して」や「入れて」と言葉で伝えるような望ましい行動を起こしても、その園児にとって好ましい結果（好子）が伴わないと望ましい行動は減ってしまいます。ヒマリちゃんは、「貸して」と言っても玩具を貸してもらえないときに、友だちから玩具を取っていました。また「入れて」と言っても遊びに入れてもらえないときに、友だちの玩具を取ることで、友だちとの関わりを得ることができていました。

解決に導いた支援 →

まず先生は園児同士で好きな活動が重なり、玩具の数が足りていないことが原因だと考えました。そのため、人気のある積み木の数を増やしました。パズルは先生が手作りで作成し、簡単なものから難しいものまで様々な難易度のパズルを作成しました。

さらに友だち同士で協力して行う遊び方を教えました。例えば、「先生、このパズル難しい」と言う園児に対して、「じゃあ、みんなでやってみよう」と声をかけ、数人でパズルで遊ぶ機会を作りました。さらに、テーブルをくっつけて、粘土やクレヨンなどの玩具を一緒に使う機会を様々な場面で設定しました。これらの機会を通し、園児は玩具を数人で共有して一緒に遊ぶことができるようになりました。

支援のポイント !

ヒマリちゃんは"友だちに「貸して」と言う"という望ましい行動を起こしても、玩具を貸してもらえず、遊ぶことができないことがありました。しかし、"友だちから玩具を取る"という望ましくない行動の後には玩具で遊ぶことができました。

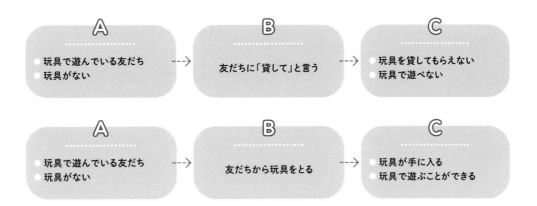

そこで、園児の好きな積み木やパズルの玩具を増やすことで "友だちから玩具を取る" という望ましくない行動を起こさなくても遊ぶことができるようにしました。

また、園児同士で玩具を共有する機会を設定しました。例えば、難しいパズルを用意して、"1人でパズルをする" 行動を起こしてもパズルが完成せず（難しいため）、"友だちとパズルをする" 行動の後にはパズルが完成するといった経験を積ませました。また、粘土遊びをしたりクレヨンを使って描いたりすることを複数の友だちで一緒にできるように、テーブルをくっつけるようにしました。

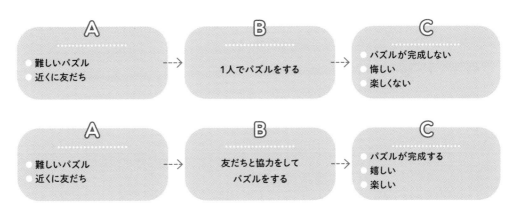

| 考え方の
ポイント
ABA
の理論 | | |

先行事象

ヒマリちゃんや他の園児の "友だちから玩具をとる" 行動が起こるのは、行動の前に、積み木やパズルといった玩具がないという環境が原因だと考えられました。そこで、積み木やパズルを増やし、玩具がないという環境にならないようにすることで "友だちから玩具をとる" 行動が起きにくくなりました。

機会利用型指導法

ヒマリちゃんや他の園児の "友だちとパズルをする" 行動のように、友だちと一緒に遊ぶことや、玩具を共有することを教えるために、複数の園児が座れる大きさのテーブルを用意し、粘土やクレヨンを使って、友だちと一緒に作ったり描いたりする遊びができるような機会を作りました。

CASE
08

友だちに対して
危険な行動をする 1

友だちとの関わり方が、嫌がられる行動になっているケース

園児の様子 4歳

ハルキ君は列に並んで移動するとき、食事の準備をしているとき、靴箱で靴の脱ぎ履きをしているときなどに、友だちの上に乗ったり、押したり、抱きついたりすることが頻繁にみられました。友だちは、「やめて」と言ったり、追いかけたりします。ハルキ君はそれに対して笑顔で嬉しそうにしていましたが、友だちは遊びではなく本当にやめてほしい様子でした。

先生は「痛いって言っているよ」、「押したらダメだよ」とハルキ君に注意をしていました。またハルキ君が友だちの近くにいるときは、「ハルキ君、近いよ」、「もう少し離れよう」と声をかけていました。

どうしてだろう ?

ハルキ君は、友だちが「やめて」と言ったり追いかけたりしてくることが、自分と遊んでくれていると思っていました。ハルキ君にとっては、そのような関わりがとても楽しいため、何度も友だちの上に乗ったり、抱きついたりしてしまっていました。

解決に導いた支援 →

先生は、ハルキ君が友だちに抱きついたときは友だちとの関わりが得られないようにすぐに離しました。一方で、ハルキ君が友だちと適切に遊ぶことができたときに、「上手に遊べたね」と必ず褒めるようにしました。そうすることで、ハルキ君は友だちと遊ぶことと先生から褒められることの両方を経験できました。

また、列に並んで移動するときには「忍者のようにゆっくりと歩くんだよ」と先生がお手本を見せ、園児全員が先生の真似をしました。ハルキ君は友だちの上に乗ることもなく、得意そうに忍者の真似をしながら列に並ぶようになり、先生から褒められる機会が増えました。

食事の準備や靴箱での靴の脱ぎ履きは、グループごとに行うようにしました。そうすることで、園児全員が落ち着いて活動することができました。

支援のポイント !

ハルキ君の"友だちに抱きつく"などの行動は、友だちが「やめて」と言ったり、追いかけてきたりするといった友だちとの関わりが得られることで増えていました。

A
- 近くに友だち
- 友だちとの関わりがない

--->

B
友だちに抱きつく

--->

C
- 友だちが「やめて」と言う
- 友だちが追いかけてくる

そこで、"友だちに抱きつく" などの行動の後には、友だちとの関わりが得られないようにすぐに離し、一方で、ハルキ君が "友だちと遊ぶ"　といった適切な行動ができたときに先生が必ず褒めるようにしました。

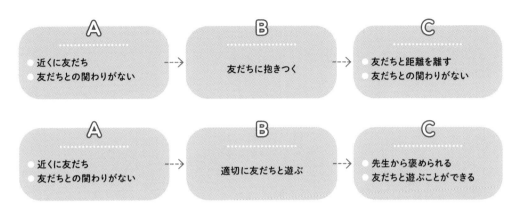

また、廊下を歩くときは静かに歩く様子のお手本を見せました。それを見て園児全員が真似をすることで、先生から褒められることができました。

たくさんの園児たちが一斉に活動すると、ハルキ君は興奮して友だちを押してしまうことがありました。そのため、保育上の配慮として、落ち着いて活動を行えるように、移動を伴う活動の際には、人数が少なくなるようグループごとに移動するようにしました。

行動の機能
要求

　ハルキ君の "友だちの上に乗る" 行動や、"友だちに抱きつく" 行動の背景には、「友だちと関わりたい」という気持ちがあり、友だちから「やめて」と言われたり、追いかけられたりすることで、"友だちの上に乗る" 行動や "友だちに抱きつく" 行動が増えていました。

分化強化

　ハルキ君の "友だちに抱きつく" 行動の後は、すぐに友だちから離し、友だちの注目や関わりが得られないようにしました。一方で、ハルキ君の "適切に友だちと遊ぶ" 行動の後は、先生から褒められ、友だちと遊ぶことができるようにしました。

モデリング

　園児が静かに廊下を歩く方法を学ぶために、先生は「忍者のようにゆっくり歩くんだよ」と言いながらお手本を示しました。園児は先生のお手本を見て、真似をしながら学ぶことができました。

CASE
09

友だちに対して
危険な行動をする 2

負けることに抵抗があるケース

園児の様子 5歳

　コウキ君はどんじゃんけんのような順番が決まっている遊びのときに、列の前の友だちを抜かしたり、押したりする様子が見られました。特に、負けそうなときには、友だちを押す様子が頻繁に見られました。列の順番を抜かされたり、後ろから押されたりした友だちも、「やめろよ」といって押し返してしまい、喧嘩になることもありました。

　先生がコウキ君に押してはいけないことを説明すると、してはいけないということを理解できているようで、友だちに謝ることはできるのですが、それでも遊びに夢中になると再び押してしまいました。

　また、コウキ君は遊びで負けたときに大きな声で泣く様子が見られました。先生や友だちがなぐさめたり、励ましたりするのですが、なかなか泣き止まず、コウキ君は次の活動に参加できないこともありました。

どうしてだろう？

　コウキ君は負けることに強い抵抗がありました。列の順番を抜かしたり、友だちを押したり

するのは、負けないかどうか不安になって周りが見えなくなることがきっかけでした。

　負けそうなときには、目の色が変わって夢中になってしまうため、先生の指示が聞こえていないようでした。そして、先生に怒られた後で初めて、列の順番を抜かしたり友だちを押してしまったりした自分に気付くようでした。

解決に導いた支援 →

　先生は、遊びを始める前に、遊びのルールの説明に加え、遊び中の振る舞い方について、望ましい行動と望ましくない行動のお手本を示しながら説明しました。例えば、園児たちに対して「待っているときは、どうすればいいの？」と聞きました。園児たちが、「その場で応援する」、「座って待つ」など、望ましい行動を答えたら、「そうだね」と笑顔で褒めました。そして、「近くにいる友だちを押すのは？」、「立ち上がって応援するのは？」と聞き、園児たちとそれが

望ましくない行動であることを確認しました。また、「応援が1番うまいチームはどこかな？」、「お約束を守れるのはどのチームかな？」と遊びの前に語りかけるなどをして、望ましい行動を起こすように動機づけを高めました。

　そして、遊びが終わったときには、勝ち負けの結果だけではなく、事前に示した望ましい行動ができていたかどうかを確認し、望ましい行動ができていた園児をみんなの前で褒めました。

　これまで、先生は遊びのルールだけを園児に説明しており、列の並び方や順番の待ち方を説明していませんでした。コウキ君を含め園児たちは皆、遊びのルールを守りながら勝つことに一生懸命になりました。そのため、衝動的に"列の順番を抜かす"行動が起きてしまい、友だちよりも先に遊ぶことができました。しかし、そ

れがきっかけとなり、友だちから注意されて喧嘩になったり、先生から注意されたりすることもありました。先生は園児を注意することが増えてしまい"列の順番を正しく守る"などの望ましい行動をした園児が褒められる機会はあまりありませんでした。

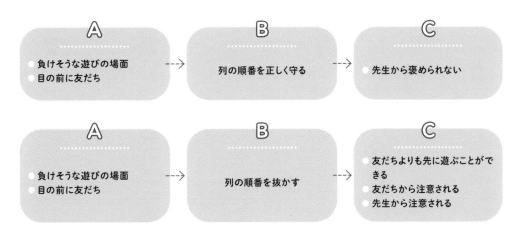

　そこで、先生は遊びを始める前に、望ましい行動と望ましくない行動を示し、「お約束を守れるのはどのチームかな？」と言いながら、遊びの中で望ましい行動をするように促しました。この関わりにより、遊び場面で園児たちの望まし

い行動が起きやすくなりました。

　先生は遊びの後、事前の約束を守ることができたかどうかを、園児たちと振り返り、約束した通りに望ましい行動をした園児たちを褒めました。

先行事象

　コウキ君や他の園児の"列の順番を正しく守る"行動が起きやすくなるように、列の順番を正しく守る約束をしました。そうすることによって、コウキ君や他の園児の"列の順番を正しく守る"行動が起きやすくなりました。

結果事象
好子出現による行動の強化

　コウキ君や他の園児は"列を正しく守る"行動の後、先生から褒められました。そうすることによって、コウキ君や他の園児の"列を正しく守る"行動が増えました。

CASE 10

友だちに対して
危険な行動をする 3

遊びのバリエーションが少ないケース

園児の様子 3歳

ハナちゃんは遊び場面で、おままごとの玩具を投げる様子が見られ、玩具が当たって泣いてしまう友だちもいました。また、砂場では砂をまいてしまい、近くにいる友だちは「やめて」といって逃げていきました。

先生は、ハナちゃんに「これは投げる玩具じゃないよ」と注意をしましたが、ハナちゃんの反応は少なく、投げることは減りませんでした。

ハナちゃんは、友だちに向かって玩具を投げたり、砂をまいたりしているのではなく、投げる感覚や砂がとんでいく様子を楽しんでいる様子でした。

どうしてだろう ？

ハナちゃんはおままごとをして遊ぶ様子が見られませんでした。それは、適切な遊び方を知らないことと、適切な遊び方がハナちゃんにとって楽しいものではないからです。

ハナちゃんは、おままごとの玩具であれ、砂であれ、投げたものが落ちていく様子や、床に当たる音が楽しいのです。ハナちゃんにとっては、玩具や砂を投げることが遊びなのです。

解決に導いた支援 →

先生は、ハナちゃんが玩具を投げたり、砂をまいたりする様子が頻繁に見られることから、投げて遊ぶことができ、もし友だちに当たってしまっても痛くない玩具を用意しました。また、砂遊びでは、ペットボトルに砂を入れてシャカシャカ振る遊びを教えました。どちらの遊びもハナちゃんは気に入り、遊ぶことができました。

また、先生は、玩具を投げたり、振って音を鳴らしたりする遊び以外にも、他の園児がして

いるように、カップに砂を入れてひっくり返すと砂の立体ができる遊びをハナちゃんに教えました。うまく遊べたときに先生は、笑顔でしっかりとハナちゃんを褒めました。

支援のポイント ！

ハナちゃんは玩具や砂を投げて遊ぶことが好きでした。しかし、投げても大丈夫な玩具がないため、"おままごとの玩具を投げる"行動が起きてしまいました。そして、玩具が飛んでいく様子や、床に当たる音が楽しいため、先生が注意をしたとしても、なかなか"おままごとの玩

具を投げる"行動は減りませんでした。

そこで、先生は投げても大丈夫な柔らかいボールを用意しました。ハナちゃんは"柔らかいボールを投げる"行動を起こしても、注意されることがなく、楽しく遊ぶことができました。

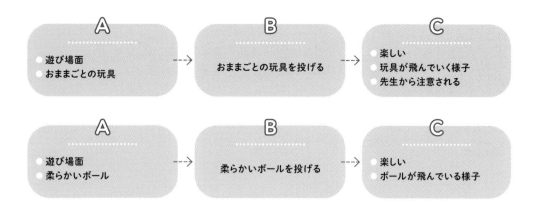

また、他の園児たちが行っている遊びを教えるために"カップに砂を入れる"行動のお手本を示しました。そして、ハナちゃんが少しでもカップに砂を入れたらしっかりと褒めました。ハナちゃんはカップが砂でいっぱいになるまで、先生からたくさん褒められました。

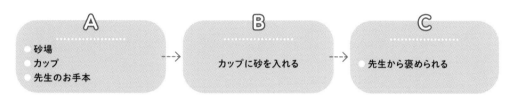

次に、先生は"砂の入ったカップをひっくり返す"行動のお手本を示し、ハナちゃんがお手本どおりにできたらしっかりと褒めました。また、砂の立体を指差し「上手にできたね」と言いながらハイタッチをして一緒に喜びました。このように、他の園児たちが行っている遊びを少しずつ教えていきました。

モデリング

ハナちゃんが遊び方を学ぶように、カップに砂を入れてひっくり返す遊びのお手本を示しました。ハナちゃんは先生のお手本を見て、真似をしながら学ぶことができました。

結果事象
好子出現による行動の強化

ハナちゃんは"カップに砂を入れる"行動や"砂の入ったカップをひっくり返す"行動の後、先生から褒められたり、ハイタッチをしたりしました。そうすることによって、ハナちゃんの"カップに砂を入れる"行動や"砂の入ったカップをひっくり返す"行動が増えました。

「ダメ」と言われたことをする 1

CASE
11

砂を投げることで担任の先生の注目を得ているケース

園児の
様子
3
歳

リンちゃんは、砂場で遊ぶ際に、砂を投げる様子がたくさん見られました。時々、近くで遊んでいた友だちにかかってしまうこともありました。先生は、リンちゃんに対して、「お砂を投げちゃダメだよ」と注意しますが、笑いながら走っていってしまいます。先生が追いかけて注意しますが、注意された後でもすぐにまた同じように砂を投げてしまいます。

遊び時間の前、リンちゃんに「お砂を投げるのはいいかな？」と聞くと、「だめー」と言っていました。事前に「お砂を投げるのはやめようね」と約束をしても、リンちゃんは先生の顔を見ながら砂を投げました。

一方、担任の先生がお休みで、別の先生がいるときには、リンちゃんが砂を投げるような様子は見られませんでした。

どうして
だろう
?

リンちゃんは担任の先生がいないときには砂を投げることはありませんでした。また、砂を投げてはいけないことを理解していても、先生の反応を見ながら砂を投げ、先生は慌てて止め

に入っていました。

どうやら先生が注意をすることが関わりとなっていて、わざと望ましくない行動をしているようでした。

解決に
導いた
支援
→

先生はリンちゃんと「お砂を投げたら、もう遊べないよ」という約束を決めました。リンちゃんがそれでも砂場で砂を投げたら、注目をできる限り与えず、「お約束だもんね」といい、他の場所で遊ぶように伝えました。そして、5分ぐらいしたら、再度、約束を確認して砂場で遊ん

でもいいこととしました。このような関わりを数回するだけで、リンちゃんの"砂場で砂を投げる"行動はなくなりました。そして先生は、リンちゃんが砂で山を作るなど適切に遊んでいるときに、「大きなお山ができたね」と注目しながら褒めました。

支援の
ポイント
!

リンちゃんの"砂場の砂を投げる"という望ましくない行動は、先生から「ダメだよ」と言われるなど、注目されることが嬉しくて行っていました。

A	B	C
● 近くに先生 ● 砂場での遊び ● 先生からの注目がない	砂場の砂を投げる	● 先生から「ダメだよ」と言われる ● 先生から注目される

そこで、先生はリンちゃんが"砂場の砂を投げる"という望ましくない行動が起きたときは、できる限り注目を少なくし、一定時間、砂場で遊ぶことができないようにしました。この方法は、友だちに砂がかかったり、怪我をさせたりすることを防ぐために、"砂場の砂を投げる"行動をすぐに減らす必要があったので、やむを得ず行いました。一方、"砂で山を作る"行動のように、望ましい行動に対しては、すぐに褒め、たくさん注目しました。

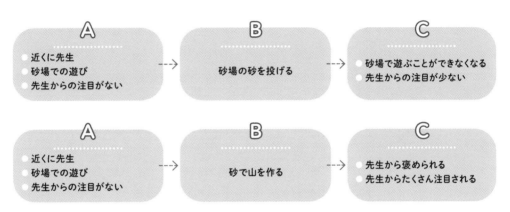

A	B	C
● 近くに先生 ● 砂場での遊び ● 先生からの注目がない	砂場の砂を投げる	● 砂場で遊ぶことができなくなる ● 先生からの注目が少ない

A	B	C
● 近くに先生 ● 砂場での遊び ● 先生からの注目がない	砂で山を作る	● 先生から褒められる ● 先生からたくさん注目される

このように、望ましくない行動に対しては、できる限り注目を少なくしながら関わり、望ましい行動に対してはたくさん注目し、褒めるという関わりをすることで、リンちゃんの"砂場の砂を投げる"行動が減り、"砂で山を作る"行動のような望ましい行動が増えました。

考え方の
ポイント
ABA
の理論

行動の機能
注目

リンちゃんの"砂場の砂を投げる"行動の背景には、「先生から注目されたい」という気持ちがあり、先生から「ダメよ」と言われることで、"砂場の砂を投げる"行動が増えました。

結果事象
好子消失による行動の弱化

リンちゃんは"砂場の砂を投げる"行動の後、砂場で遊ぶことができなくなりました。そうすることによって、リンちゃんの"砂場の砂を投げる"行動が減りました。

CASE
12

「ダメ」と言われたことをする 2

遊べる遊び方が限られているケース

園児の
様子
3
歳

サクラちゃんは、室内で積み木を使って遊ぶときに、自分で積んだり並べたりせず、他の友だちが作った積み木を倒してしまうことがたくさん見られました。

友だちは「あー」と大きな声を出しながら先生を呼びます。先生は「これは、お友だちが作ったものだから、倒したらダメだよ」と注意しま

した。サクラちゃんは「うん」と言いながら、友だちに謝りました。しかしその後も、積み木を倒すことはなかなか減りませんでした。先生がお母さんに家での様子を尋ねると、家でも積み木を倒して遊んでいて、家では注意することはないということでした。

どうして
だろう
?

サクラちゃんはこれまで、家や保育所で他の友だちが遊んでいるように、積み木を積んだり並べたりして遊ぶことはありませんでした。サクラちゃんにとって、積み木は倒して遊ぶ玩具のようです。先生は「倒したらダメだよ」と注意をしていますが、どのように遊んだらいいのか教えていないため、サクラちゃんは家でして

いるように積み木を倒してしまいます。

また、サクラちゃんは積み木を倒した後に先生や友だちからの注目を得ることができます。そのため、サクラちゃんは先生や友だちからの注目を得ようとして積み木を倒しているかもしれません。

解決に
導いた
支援
→

先生は、これまで「ダメだよ」、「いけないよ」などと注意してきましたが、具体的な遊び方を教えることはしていませんでした。そこで、先生は「こうやって、積んでみて」とお手本を示しながら1つ1つ遊び方を教えていきました。そして、サクラちゃんが先生のお手本を真似したときに「上手にできたね」と褒めました。また、友だち同士の関わりを増やすために、園児たち

が作った作品を紹介する時間を設けました。そうすることで、園児たちはお互いに「教えて」と言いながら一緒に遊ぶことが増えていきました。

支援の
ポイント
!

サクラちゃんは家庭では積み木を倒して、倒れる音を楽しむといった遊びをしていました。そのため、先生が求めている、積み木を積んだり

並べたりする遊び方を知りませんでした。また、"積み木を倒す"行動の後に、先生や友だちから注目され、嬉しそうな様子も見られていました。

先生の「ダメだよ」という注意では、積み木の遊び方を具体的に示していないために、"積み木を積む"行動は増えませんでした。そこで、先生は"積み木を積む"行動のお手本を示し、サクラちゃんがお手本を真似をしたら褒めることで、積み木を積む遊び方を教えました。

また、先生はサクラちゃんの作品を褒め、みんなに紹介することで友だちから注目が得られるような工夫をしました。そのことがきっかけで、サクラちゃんの"積み木で作品を作る"行動が増えました。

考え方の ポイント ABA の理論

行動の機能
注目・感覚

　サクラちゃんの"積み木を倒す"行動の背景には、「友だちや先生から注目されたい」や「ガラガラという音が楽しい」という気持ちがあり、先生や友だちから注目されることや、ガラガラという大きな音がすることで、"積み木を倒す"行動が増えていました。

モデリング

　サクラちゃんが積み木を使った遊び方を学ぶために、先生は積み木を積むお手本を示しました。サクラちゃんは先生のお手本を見て、真似しながら学ぶことができました。

結果事象
好子出現による行動の強化

　サクラちゃんは"積み木で作品を作る"行動の後、先生から褒められたり、友だちから注目されたりしました。そうすることによって、サクラちゃんの"積み木で作品を作る"行動が増えました。

CASE 13

「ダメ」と言われたことをする 3

望ましくない行動をすることで楽しい結果が早く手に入っているケース

園児の様子 6歳

イツキ君は、遊び時間、園庭でボール遊びをするためにすごい勢いで廊下を走っていきます。危ないので、先生は注意をしますが、イツキ君は「分かってるよ」と言いながら、止まらずに走っていってしまいます。そこで、先生は事前に「ゆっくり歩いていこうね」、「走っちゃうと、転んだり、友だちにぶつかっちゃったりするよ」と伝えました。それでも、廊下に出たイツキ君は一目散に走っていってしまいます。

また、「走らなくても、ボールで遊べるよ」と説明をしますが、イツキ君はどうしても遊びの時間になると走ってしまいます。年齢の低い園児とぶつかったり、転んでしまったりしたこともあり、危険なこともたびたびありました。さらに、イツキ君と同様に、廊下を走る園児が増えてしまい、そのことがきっかけになり、どれだけ注意しても、イツキ君の廊下を走ることは減りませんでした。

どうしてだろう ?

保育所ではたくさんのボールがあり、イツキ君は走らなくてもボールで遊ぶことができます。また、イツキ君はそのことを理解しているようです。しかし、イツキ君は少しでも早く遊びたい気持ちを抑えることができず、走ってしまいます。また、走ることで早くボールで遊ぶことができることも、走ってしまう要因です。

解決に導いた支援 →

これまで、イツキ君は廊下を走って転んでしまったり、先生や友だちにぶつかってしまったりと、危険なことが何度もありました。また、他の園児も真似をしていました。

そこで先生は園児たちに、廊下を走ったら転んだり友だちにぶつかったりして危ないこと、けがをしないように廊下を歩いてほしいことを丁寧に説明し、それでも廊下を走ってしまったらどうするか、ルールについての意見を聞きました。そして、園児と一緒に『廊下を走ったら教室からやり直し』というルールを決めました。これは年長組のみんなのルールでした。このルールにより、もし廊下を走ったら教室からやり直しになるため、ボールで遊ぶ時間が短くなってしまいます。

イツキ君は、早く遊びたい気持ちを我慢しながら、歩いて園庭に向かうことができるようになりました。また、他の園児も廊下を歩くといった習慣ができ、それを見た先生からも褒められるようになりました。

イツキ君は遊びの時間、"廊下を走る"行動の後、先生から注意されることもありましたが、早くボールで遊ぶことができるために、走ってしまいます。

そこで先生は、園児と一緒に『廊下を走ると教室からやり直し』というルールを決めました。このルールによって、"廊下を走る"行動の後、教室からやり直しになるため、ボールで遊ぶまでに時間がかかってしまいます。それよりも"廊下を歩く"行動の方が、早くボールで遊ぶことができるため、"廊下を歩く"行動が増えました。また、"廊下を歩く"行動の後、先生から褒められるようになりました。

『廊下を走ると教室からやり直し』というルールは年長組のみんなが守るルールのため、みんなが"廊下を歩く"行動が見られるようになりました。廊下を走る友だちがいなくなり、みんなが廊下を歩くようになったことも、イツキ君の"廊下を歩く行動"が起こりやすくなった要因だと考えられます。

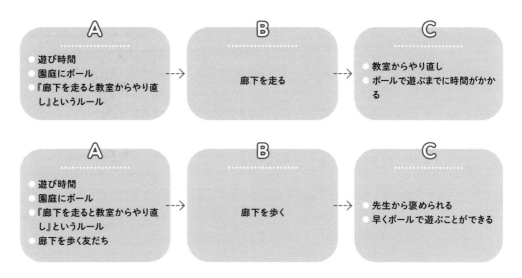

結果事象
好子消失による行動の弱化
イツキ君や他の園児の"廊下を走る"行動の後、ボールで遊ぶ時間が短くなりました。そうすることによって、イツキ君の"廊下を走る"行動が減りました。

先行事象
イツキ君や他の園児の"廊下を走る"行動が起きにくくなるように、『廊下を走ると教室からやり直し』というルールをつくりました。そうすることによって、園児の"廊下を走る"行動が起きにくくなりました。

CASE 14

運動に消極的 1

活動に取り組んでも上手くいかないために消極的になったケース

園児の
様子
6
歳

　園庭での運動の時間、カイト君は頻繁に活動をやめて、砂遊びをしたり、友だちに話しかけたりしてしまいました。先生から声をかけられると、活動に取り組むことができましたが、先生がいないときは活動が止まってしまいます。そのため、頻繁な声かけが必要でした。先生は、カイト君の活動を促そうとたくさん褒めましたが、やはり活動を続けるためには声かけが必要でした。

　カイト君は運動が苦手で、跳び箱をとび越えられなかったり、平均台で落ちてしまったりしました。遊び時間も、ボール遊びや鬼ごっこなどは参加しないで、砂遊びやブランコをしたり、先生や友だちとお話を楽しんだりしていました。

どうして
だろう
?

　カイト君は活動に取り組んでも、上手くいかないことが何度もありました。この上手くできないといった経験により、活動の参加に消極的になってしまったと考えられます。

解決に
導いた
支援
→

　先生は、カイト君が跳び箱をとんだり、平均台を渡ったりすることができるように身体を支えるようにしました。しかし、先生はいつもカイト君のそばにいることはできませんでした。

　そこで、活動内容を見直し、運動が苦手な園児も失敗させないために、活動を選択できるようにしました。例えば、跳び箱では、手をついてとび越える跳び箱と、上に登って降りる跳び箱の2つの活動を用意しました。手をついてと

び越えることが難しい園児も、上に登って降りる活動はできました。また、平均台が難しい園児には、ケンケンパの活動も選択できるようにしました。

　このように活動の選択肢を用意することで、カイト君を含め、たくさんの園児が失敗せずに活動に参加できることが増えました。また、先生からの褒められることも増え、積極的に活動が行われるようになりました。

運動が苦手なカイト君は"活動に参加する"行動の後、失敗して悔しい思いをすることがたくさんありました。先生は失敗しても、カイト君の"活動に参加する"行動を褒めていました

が、カイト君の失敗した、悔しい思いをするという出来事はなくならないので、"活動に参加する"行動は増えませんでした。

A
● 運動の時間
● 失敗しそうな活動
● 失敗しないか不安

B
活動に参加する

C
● 失敗する
● 悔しい
● 先生から褒められる

そこで、"活動に参加する"行動の後、失敗するという出来事が起きなくなり、成功するという出来事が起きるようにするために、活動の選択肢を用意しました。カイト君は成功しそうな

活動を選択することができ、"活動に参加する"行動の後、成功するという出来事が起きるようになったため、積極的に活動に参加するようになりました。

A
● 運動の時間
● 成功しそうな活動

B
活動に参加する

C
● 成功する
● 達成感
● 先生から褒められる

カイト君と違って、失敗しても"活動に参加する"行動が減らない園児もいました。このような園児は、"活動に参加する"行動を積み重ね

ることで、失敗が減ったり、前よりも上手くなることによって、"活動に参加する"行動が増えていると考えられます。

結果事象
嫌子出現による行動の弱化

カイト君は"活動に参加する"行動の後、失敗する経験をしました。その結果、カイト君の"活動に参加する"行動が減りました。

結果事象
好子出現による行動の強化

カイト君や他の園児は"活動に参加する"行動の後、成功するようになりました。そうすることによって、カイト君や他の園児の"活動に参加する"行動が増えました。

CASE
15

運動に消極的 2

活動に参加しても達成感や上手くなったという変化が
なくなってしまったケース

| 園児の様子 6歳 | ソウスケ君は運動が得意で褒められることも多いのですが、自分が一度できると、友だちができていないところをよく指摘してしまいます。例えば、友だちが間違えてしまったとき、すかさず「いけないんだ」、「ちがうよ！」、「間違っているよ！」と指摘します。そのように言われ | た友だちは嫌な気持ちになり、喧嘩になってしまうこともありました。先生はソウスケ君に、友だちに指摘をしないで活動に参加するように話しましたが、先生の目が届かないところでは、友だちを指摘し、活動が止まってしまいます。 |

| どうしてだろう ？ | ソウスケ君は運動が得意なため、活動内容の運動はすでに上手くできています。そのこともあり、先生はソウスケ君が上手くできたときに褒めることが減ってしまっていました。さらに、 | ソウスケ君にとっては、活動に参加することで達成感を得ることや、うまくなったという変化がないため、消極的になったのだと考えられます。 |

| 解決に導いた支援 → | 先生はソウスケ君を含め、みんなが積極的に活動に参加するために、目標が達成できた園児に対し『○○先生』、『○○名人』、『○○チャンピオン』という称号をつけました。そして、称号をもらった園児の名前は教室の前に掲示しました。

例えばなわとびでは、前とびで10回連続して跳ぶことができたら『なわとび先生』、20回連続して跳ぶことができたら『なわとび名人』、後ろとびで10回連続して跳ぶことができたら『なわとびチャンピオン』です。目標が達成できたら、次の目標があります。目標が達成できると、教室の前に名前が掲示されるので、たくさんの園児や先生、お母さんやお父さんからも注目されます。そして先生は、なわとび以外の運動でも、目標をたくさん設定するようにしました。 | ソウスケ君はすべての活動でチャンピオンになることを目標に、今まで以上に活動に参加するようになりました。チャンピオンになるための目標はとても高いため、ソウスケ君は達成できるよう、一生懸命に活動に参加しています。同時に、ソウスケ君が友だちを指摘することもなくなりました。 |

ソウスケ君は運動が得意で、すべての活動で上手くできていました。そのため、"活動に参加する"行動の後の達成感や「できるようになった」という喜びが少ないため、"活動に参加する"行動が減っていき、"友だちの様子を見る"行動が起きてしまうのだと考えられます。

A 運動の時間 → B 活動に参加する → C ●達成感がない ●「できるようになった」という喜びがない

そこで、先生は活動ごとに目標を複数設定しました。目標を達成しても次のより高い目標があるので、"活動に参加する"行動の後には達成感や「できるようになった」という喜びを得ることができました。また、称号をもらえると教室の前に名前が貼られ、注目を得ることができました。ソウスケ君は、より高い目標を達成するために、積極的に"活動に参加する"行動が起きるようになり、"友だちの様子を見る"行動がなくなりました。

A ●運動の時間 ●複数の目標設定 ●目標が書かれた掲示物 → B 活動に参加する → C ●達成感がある ●「できるようになった」がある ●教室の前に名前が貼られる ●先生、友だち、お母さん、お父さんから注目される

また、目標を複数設定したので、運動が苦手な園児も称号を得ることができました。そのため、他の園児もこれまでより一層、運動の時間が好きになり、積極的に参加するようになりました。

消去

ソウスケ君はすでに活動が上手くできるため、ソウスケ君の"活動に参加する"行動の後、達成感や喜びが得られませんでした。その結果、ソウスケ君の"活動に参加する"行動が減りました。

先行事象

ソウスケ君の"活動に参加する"行動が起きやすくなるように、"活動に参加する"行動の前に、目標が達成できたら名前を貼ってもらえる掲示板を用意しました。そうすることによって、園児の"活動に参加する"行動が起きやすくなりました。

結果事象
好子出現による行動の強化

ソウスケ君は"活動に参加する"行動の後、達成感が得られたり、掲示板に名前が貼られたりしました。また、先生や友だちから注目されるようになりました。そうすることによって、ソウスケ君の"活動に参加する"行動が増えました。

発語が少ない 1

言葉の発達の遅れが見られるケース

園児の様子 4歳

コハルちゃんは「あー」や「うー」というようなひとつの音のみで、単語を用いて話すことができませんでした。コハルちゃんの保護者はとても心配しており、ことばの教室に通わせていました。最近は、保護者、先生が出す音を真似することができるようになりましたが、単語はなかなか出ませんでした。

コハルちゃんは、欲しいものがあるときには指差しをしたり、先生を呼ぶときには先生の腕を引っ張ったり、また蓋を開けてほしいなど困ったときにその物を渡したりすることでコミュニケーションを取っていました。

どうしてだろう ?

コハルちゃんは、家庭、園、ことばの教室といった専門機関のどの場面でも、十分な発語が見られませんでした。今年度になって出すことができる音が増えたり、他の人が出す音の真似をする様子が見られたりするようになってきましたが、年齢と比べると言葉の発達が全般的に遅れていると考えられます。そのため、発話するスキルが不足しているのだと考えられます。

解決に導いた支援 →

先生は、コハルちゃんの目標を朝の挨拶の「おはよ」、帰りの挨拶の「ばいばい」が言えることとしました。これまでは、コハルちゃんは、頭を下げながら「おー」や「あー」と言っていました。そこで、先生は「コハルちゃん、お、は、よ」と、ゆっくりと伝えました。正確な発音でなくても、コハルちゃんが一音ずつ「お、あ、お」と言えると笑顔でたくさん褒めました。

コハルちゃんが「おあお」と挨拶できるようになったら、「おは・よ」と音を少し強調して聞かせ、「おあよ」と言えたときだけ笑顔で褒めました。コハルちゃんが、「おあよ」と挨拶できるようになったら、「お・は・よ」と「は」の音を少し強調して聞かせ、「おはよ」と言えたときだけ笑顔でたくさん褒めました。

帰りの挨拶も同じように、最初は先生のお手本の後に「あいあい」と言えたら褒める関わりから始めました。コハルちゃんが「あいあい」と言えるようになったら、「ばいばい」と言えたときだけ褒めるようにしました。

支援のポイント !

先生は朝の挨拶のとき、コハルちゃんに「おはよ」とお手本を示しました。そして、コハルちゃんが「おあお」と真似をしたときに笑顔で褒めました。

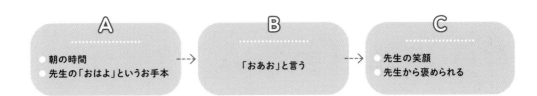

　コハルちゃんが自分から「おあお」と挨拶ができるようになったら、「おあお」では褒めず、「おあよ」と挨拶ができたときだけ、笑顔で褒めるようにしました。

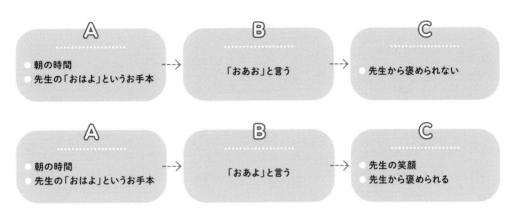

　コハルちゃんが自分から「おあよ」と挨拶ができるようになったら、「おあよ」では褒めず、「おはよ」と挨拶ができたときだけ、笑顔で褒めるようにしました。このように、少しずつ褒める基準をあげていくことで、コハルちゃんは「おはよ」と挨拶ができるようになりました。

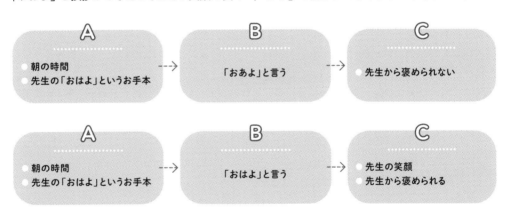

CASE
17

発語が少ない 2

先生や友だちと関わった経験が少ないケース

アオト君は転園して4月から現在の園に通い始めました。元気に挨拶や返事はできていますが、遊び場面ではいつも1人で遊んでおり、自分から友だちに話しかけたり、友だちの遊んでいる輪に入ったりする様子は見られませんでした。また、物が見つからないときや工作で失敗をしたときなど、困ったことがあったときに、自分から先生や友だちに聞くことができず、じっとしている様子が見られました。先生が「アオト君、どうしたの?」と尋ねても、じっと黙っ

たままであり、先生がアオト君の気持ちを推測して支援を行うと、また静かに活動を再開するということがしばしばありました。

アオト君のお母さんに家庭の様子を聞くと、アオト君は家庭ではよく話しており、弟と大きな声で遊ぶ様子が見られるようです。ただ、家族で公園に行くときは、お母さんや弟と離れることが少ないため、保護者はアオト君に新しい友だちができるか心配していました。

アオト君は簡単な挨拶や返事はできており、発話するスキルには問題はないようです。また、保育所では1人で遊ぶ様子が頻繁にみられますが、家庭では弟と楽しく遊べているようです。これらのことから、アオト君は転園したばかりのた

め、これまでに関わったことが少ない先生や友だちと関わることに慎重になっていると考えられます。まずは、先生や友だちと関わり、楽しく遊べたという経験が必要だと考えられます。

先生はアオト君が友だちとの会話や遊びを楽しむ経験が大切だと考え、様々な場面で会話や遊びを一緒に楽しめるようにしました。

朝の活動では「好きな○○」という題で一言ずつ発表をする機会を設定しました。例えば、「今日は、好きな動物です」と先生が言うと、前に座っている園児から順番に好きな動物を発表していきます。園児の発表に対して、先生は笑顔で感想を言いました。アオト君の前に他の園児が質問に答えており、それがお手本になることや、質問が簡単であるため、アオト君もこの活動に楽しそうに参加しました。

また、遊びの時間では園児同士でペアになる遊びとして、手つなぎ鬼や助け鬼を設定し、遊びの中で友だちと楽しくコミュニケーションが行われるようにしました。

先生は、アオト君が友だちとの会話や遊びを楽しめるように、朝の活動の場面で発表をする機会を設定しました。アオト君が"発表をする"行動の前には、友だちが先に発表をしており、それがお手本となりました。また、"発表をする"行動の後には、先生や友だちから「僕もー」などの反応や笑顔が見られました。

また、運動の場面では、園児同士のコミュニケーションが行われる手つなぎ鬼や助け鬼を行いました。このような遊びは、「たすけて」、「こっちだよ」といった声かけなど、園児同士のコミュニケーションが活発に行われます。助け鬼では、アオト君も大きな声で友だちに「たすけて」といった"友だちを呼ぶ"行動が見られました。

機会利用型指導法

アオト君の"発言をする"行動を練習するために、朝の活動の場面で発表する時間を利用し、"発言をする"行動を教えました。

先行事象

アオト君の"発言をする"行動が起きやすくなるように、"発言をする"行動の前に簡単なお題を設定し、友だちがお手本となるようにしました。そうすることによって、アオト君の"発言をする"行動が起きやすくなりました。

結果事象
好子出現による行動の強化

アオト君は"発言をする"行動の後、先生や友だちから反応が返ってきたり、笑顔が見られたりしました。そうすることによって、アオト君の"発言をする"行動が増えました。

CASE
18

発語が少ない 3

叱られた経験から話せなくなったケース

園児の様子 5歳

ユイト君は普段は自分から友だちや先生に話しかける様子が見られています。しかし、忘れ物をしたときやご飯をこぼしてしまったときなどの失敗をしたときに、その場で動かなくなってしまう様子が見られました。先生がどんなに声をかけても、黙り込んでしまい、次の活動にも参加できないので、先生も困ってしまうことがしばしばありました。

保護者によると、ユイト君は、これまでも、失敗したり間違ったりして叱られた後、話さなくなってしまうことがあったようで、保護者は叱りすぎてしまったのか心配しています。保護者としては、失敗したり、間違ったりしても大丈夫だから話せるようになって欲しいという願いがあります。

どうしてだろう？

ユイト君は友だちや先生と関わることが好きで、普段は自分から友だちや先生に積極的に話しかける様子が見られていました。しかし、失敗したときには、話せなくなるようでした。過去に叱られたことを思い出して、失敗したことを話すと、叱られると思ってしまっているのかもしれません。

解決に導いた支援 →

先生は、ユイト君が失敗したときに、失敗したことを伝えても叱られない経験をすることが大切だと考えました。ユイト君は、一度話せなくなってしまうと、話せるようになるまで時間がかかりました。そこで、先生は両手の指を出し、「こっち（右手）はうん、こっち（左手）は違うだよ」と言い、ユイト君に先生のどちらかの手の指をさすように促しました。そのようなやりとりをしていき、ユイト君がどうして黙っているか、何に困っているか理由が分かると、先生は「教えてくれてありがとう」、「大丈夫だよ」といい、答えたことを褒めました。

このような関わりにより、少しずつでしたが、忘れ物をしたり失敗をしたりしても、その場で動かなくなることが減り、簡単な言葉で説明ができるようになりました。

ユイト君は、これまでに"失敗したことを話す"行動の後に叱られる経験をしたことがきっかけで「失敗したことを話す」行動が起きなくなりました。また、叱られないか不安になり、"黙り込む"行動をすることで、叱られることを回避していると考えられました。

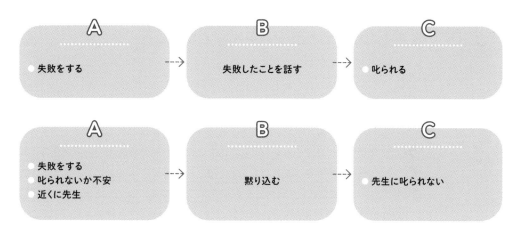

そのため、先生は無理に話させようとしないで、右手か左手の指をさすことで"失敗したことを伝える"行動を促しました。そして、"失敗したことを伝える"行動の後には叱られる経験がなく、正直に伝えたことを褒めました。ユイ

ト君は叱られることが不安で、話せなくなっていましたが、このような先生の関わりで、失敗しても大丈夫、ちゃんと伝えたら大丈夫なのだと学び、伝えることが増えてきました。

結果事象
嫌子出現による行動の弱化

　ユイト君は"失敗したことを話す"行動の後、叱られる経験をしたり、そのような場面を観察してきました。その結果、ユイト君の"失敗したことを話す"行動は減りました。

結果事象
好子出現による行動の強化

　ユイト君は"失敗したことを伝える"行動の後、伝えたことを褒められました。そうすることによって、ユイト君の"失敗したことを伝える"行動は増えました。

発語が少ない 4

注目されることで話すことができなくなったケース

園児の様子 5歳

アカリちゃんは運動をしたり、工作をしたりする活動には積極的に参加しており、先生の面白い話を聞いたり、友だちと楽しい遊びをしたりしているときには笑顔が見られていますが、挨拶や返事、先生や友だちとの会話などの話す必要があるときに緊張してしまい、保育所では全く話すことができませんでした。保護者からの話では、家の中や外出時の車の中では楽しそうに話をすることはできますが、親戚の家やお店など知らない人や慣れていない人がいたら、どこであっても話せなくなってしまうようです。

どうしてだろう？

アカリちゃんは外出先で話さないのではなく、話せないのです。その理由は家庭では、話をした後に注目するのはお父さんやお母さんだけですが、外出時は知らない人や慣れていない人に注目されることがあり、不安になってしまいます。その不安な気持ちが、外出先で話せなくなってしまう原因だと考えられます。

解決に導いた支援 →

先生はアカリちゃんに、無理に言葉を引き出そうとせず、安心して園生活ができるようにしました。例えば、アカリちゃんとの挨拶は、先生が挨拶をした後、ハイタッチといった言葉を用いないコミュニケーションを行うようにしました。

また、アカリちゃんに尋ねるときは、「○○する？」といった、アカリちゃんが頷いたり、首を振ったりすることでコミュニケーションができるようにしました。

ある日、園児の数人でトランプをしていると

き、アカリちゃんが急に「取って」と言いました。先生は驚きましたが、過度に注目をすることを避け、自然にトランプを取ってあげました。これは、注目をされることが不安なアカリちゃんに対する配慮です。

支援のポイント ！

アカリちゃんは家庭では話すことができますが、外出先では話すことがきませんでした。家庭とは異なり、外出先ではたくさんの友だちや先生といった様々な人がいます。"会話をする"行動の後にたくさん注目されるかもしれないという不安が生じてしまい、"会話をする"行動が起きないのだと考えられます。

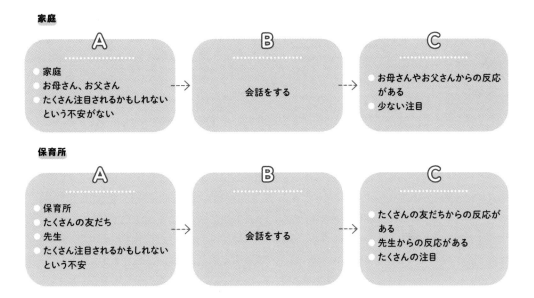

そこで、先生は無理にアカリちゃんの言葉を引き出そうとせず、頷いたり、首を振ったりすることで気持ちが表現できるような、簡単な質問をすることでコミュニケーションをとるようにしました。また、遊び時間では、少人数の友だちと遊ぶ環境を設定したり、たくさんの注目や反応を控えたりして、アカリちゃんが先生や友だちとの関わりを楽しむことができるように配慮しました。アカリちゃんが緊張しないようであれば、少しずつ人数を増やしていきました。

考え方の
ポイント
ABA
の理論

結果事象
嫌子出現による行動の弱化

　保育所で、アカリちゃんは"会話をする"行動の後、周りからのたくさんの注目を得ました。アカリちゃんにとっては、過度な注目は不安を引き起こすものでした。その結果、アカリちゃんの"会話をする"行動は減りました。

先行事象

　アカリちゃんの"一緒に遊ぶ"行動が起きやすくなるように、"一緒に遊ぶ"行動の前に、少人数の友だちで遊ぶ環境を設定し、たくさん注目されるかもしれないという不安が生じないようにしました。そうすることによって、アカリちゃんの"一緒に遊ぶ"行動が起きやすくなりました。

場面が変わると望ましくない行動が見られる 1

環境の違いが友だちを押してしまう原因となったケース

園児の様子 3歳

ユイちゃんは延長保育の時間になると、友だちを押してしまうことがありました。先生に注意されると、「ごめんなさい」と友だちに謝ることができましたが、再び、友だちを押してしまいます。一方、担任の先生がいる普段の教室では、年度始めは友だちを押してしまうことがありましたが、現在はほとんど見られず、友だちと仲良く遊ぶことができていました。普段の教室では人数が少なく、ブロックを用いて遊ぶ様子がたくさん見られていました。

延長保育の時間では、様々な年齢の園児がひとつの教室に集まり、普段の教室よりもたくさんの園児がいました。また、普段の教室でユイちゃんが遊んでいるブロックを他の友だちが使っていて、ブロックで遊べないことがきっかけとなり押してしまうこともありました。担任の先生が同じ部屋にいることは少なく、延長保育の担当の先生は日によって異なりました。

どうしてだろう ?

延長保育の場面では、普段遊んでいる玩具が少なく、教室の中にはたくさん園児がおり、走り回る園児や大きな声で泣く園児もいるため、ユイちゃんにとっては落ち着かない環境のようです。この環境の違いにより、普段とは異なる様子が見られることがあります。また、先生の関わり方が担任の先生と異なることも、普段とは異なる様子が見られる原因となります。

解決に導いた支援 →

先生はユイちゃんが普段遊んでいるブロックの数を増やすことで玩具の取り合いにならないようにしました。次に、紙芝居の読み聞かせの時間を設定して、静かに過ごせるような環境にするようにしました。さらに、担任の先生は普段、ユイちゃんに対してどのような配慮をしているのか、友だちを押してしまうといったトラブルが起こりやすい状況やどのように指導をしたかを記述した資料を作成し、延長保育を担当する先生と情報共有をしました。そうすることで、延長保育を担当する先生も担任の先生と同じようにユイちゃんと関わることができました。

支援のポイント !

ユイちゃんが普段の教室で遊んでいるブロックは、延長保育の時間ではたくさんの園児が使っていて、遊ぶことができないときがありました。そのことがきっかけで、"友だちを押す"行動が起こりやすく、ブロックを手に入れることができるため、"友だちを押す"行動は増えました。

そのため、ブロックを延長保育の場面でも増やすことで、ブロックで遊べないという環境にならないようにしました。"ブロックで遊ぶ"行動が起きるようになったため、"友だちを押す"行動が起きなくなりました。

また、延長保育の場面では、走り回る園児や大声で泣く園児がいました。そのような落ち着かない環境では、ユイちゃんはイライラした様子を見せ、友だちを押す行動が起こりやすいようでした。

そのため、先生は紙芝居の読み聞かせをするなどをして、落ち着いた環境にするように心がけました。そうすることで、ユイちゃんのイライラした様子が見られなくなり、"静かに読み聞かせを聞く"行動が起きることで、延長保育の場面のトラブルも減りました。

考え方の
ポイント
ABA
の理論

先行事象

ユイちゃんの"友だちを押す"行動が起きるのは、行動の前に、普段遊んでいるブロックがない環境が原因だと考えられました。そこで、普段遊んでいるブロックがある環境を設定することによって、"友だちを押す"行動が起きにくくなりました。

CASE 21 場面が変わると望ましくない行動が見られる 2

注目を得られる環境が望ましくない行動を引き起こすケース

園児の様子 3歳

ハル君は保護者が来る参観日や運動会、音楽発表会になると落ち着かず、お母さん、お父さんに手を振る様子が見られました。先生が注意したり、やらなくてはいけない活動を示したりしますが、なかなか活動に取りかかりません。お母さんやお父さんはできる限り注目をしないようにしましたが、ハル君は「おーい」と大きい声を出したり、椅子の上に立ったりしてしまいます。すると、周りにいる友だちや友だちのお父さんやお母さんが注目をしてしまうため、ハル君は楽しくなってしまいます。

どうしてだろう ?

保育参観や運動会、音楽発表会の場面では、普段の場面とは異なり、たくさんの人に注目されます。注目されることが嬉しいハル君は、手を振ったり、椅子の上に立ったりすることで、よりたくさんの注目を得られる行動をしてしまいます。

解決に導いた支援 →

保育参観の場面では、注目を得るような行動が起きないように、運動やダンスなどの動きを伴う活動を設定しました。これらの活動は、ハル君や他の園児が好きで、積極的に参加する活動でした。また、ハル君はお母さんやお父さんが見えてしまうと、注目を得るような行動が起こりやすいため、整列するときはお母さんやお父さんを背にするように整列をさせました。

音楽発表会では、ハル君の好きな太鼓の楽器を担当にしました。ハル君が好きな楽器であること、事前にお母さんやお父さんから「太鼓の演奏、頑張ってね」と伝えられることで、ハル君は自信満々に太鼓を演奏することができました。

保育参観では、先生の話を聞く時間でも、お母さんやお父さんに"手を振る"行動の後、お母さん、お父さん、友だちからの注目が得られました。

そこで、話を聞く時間を減らし、普段、ハル君やその他の園児が積極的に活動するダンスや運動を活動に設定しました。そして、"ダンスをする"行動から、お父さん、お母さん、友だちから注目を得られるようにしました。

音楽発表会では、演奏の前にお母さんやお父さんから「太鼓の演奏、頑張ってね」と伝えられることで、"太鼓を演奏する"行動が起きやすくなりました。

行動の機能
注目

ハル君の"手を振る"行動や"大きい声を出す"行動の背景には、「お母さん、お父さんから注目されたい」という気持ちがあり、お母さん、お父さんから注目されることで、"手を振る"行動や"大きい声を出す"行動が増えていました。

先行事象

ハル君の"太鼓を演奏する"行動が起きやすくなるように、"太鼓を演奏する"行動の前に、お母さんやお父さんから応援をしてもらうようにしました。そうすることによって、ハル君の"太鼓を演奏する"行動が起きやすくなりました。

CASE 22

指示が通らない？
みんなから遅れてしまう 1

言葉の理解が十分ではなく、
友だちの様子を見て活動しているケース

園児の様子 4歳

アサヒ君は「お片付けをしましょう」という先生の指示が出た後、すぐに片付を始めず、友だちの片付けが終わる頃に、片付けを始めます。「ご飯の準備をしましょう」と指示が出た後も、友だちが準備を始めて、少ししてから準備を始めます。このように、みんなから遅れて活動を始めることが様々な場面で見られました。

また、絵を描く時間に先生がアサヒ君に「赤色のクレヨンを出して」と指示を出したとき、赤色のクレヨンを出せないことや、お手紙をアサヒ君に渡して、「かばんに入れてきて」と指示を出したときに、どのようにしたらいいのか分からない様子が見られており、気になっていました。

どうしてだろう ?

アサヒ君は「お片付けをしましょう」や「ご飯の準備をしましょう」といった言葉だけの指示では、どのようにすればいいのか分かりませんでした。友だちの様子を見て、友だちの様子

をお手本に活動を行っているため、他の友だちよりも活動が遅れたり、アサヒ君だけに行った指示には従うことができなかったりしてしまいます。

解決に導いた支援 →

先生はアサヒ君の言葉の理解を促すために、言葉をかけながら一緒に活動をすることにしました。例えば、みんなに「お片付けをしましょう」と指示を出した後、アサヒ君に「お片付けをするよ」と言葉をかけながら一緒に玩具を片付けました。アサヒ君の片付けが終わった後、「上手にお片付けができたね」と褒めました。最初のうちは、先生は最初から最後までアサヒ君と一緒に玩具の片付けをしました。アサヒ君が片付

けの仕方について理解でき、1人で片付けができるようになってきたら、最初のときだけ一緒にいて、後は少し離れたところで見守りました。

また、園児全員に指示をするときは、目で見て指示の内容が分かるようにしました。例えば、工作の時間では、「はさみを取ってきましょう」と指示をしながら、実物のはさみを見せたり、はさみのイラストを黒板に貼ったりしました。

支援のポイント !

周りの園児は、先生の言葉の指示で"片付けをする"行動が起きていました。しかし、アサヒ君は言葉の指示が理解できないので、友だちの片付けをしている様子をお手本にして、"片付けをする"行動が起きていました。そのため、み

んなから遅れて活動に取り掛かるように見えていました。

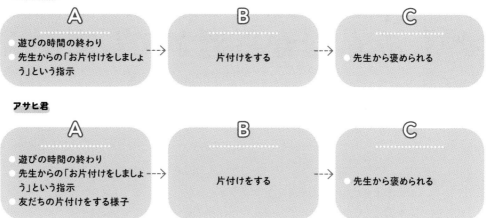

　先生は、アサヒ君が言葉の指示で"片付けを
する"行動が起きるように、指示をした後、す
ぐに支援を行いました。そして、"先生と一緒に
片付けをする"行動の後、しっかりと褒めまし
た。

　その後、アサヒ君が先生の「お片付けをしま
しょう」という指示を理解し、1人で"片付け
をする"行動が起きるようになったら、支援を
減らしました。そして、1人で"片付けをする"
行動の後にたくさん褒めました。

考え方の
ポイント
ABA
の理論

先行事象

　アサヒ君の"片付けをする"行動が起きやす
くなるように、"片付けをする"行動の前に、片
付けの支援をするようにしました。そうするこ
とによって、アサヒ君の"片付けをする"行動
が起きやすくなりました。

CASE 23

指示が通らない？
みんなから遅れてしまう 2

先生の指示に注意を向けることが困難なケース

園児の様子 6歳

レン君は集団場面において、名前を呼んでも返事をしないことがあり、返事をしたり振り向いたりするまでに、何度か名前を呼ぶ必要がありました。工作の時間では、活動内容を説明しても、すぐに「先生、どうやってやるの？」と聞いてきました。個別に指示をすると、活動に取り組むことができており、指示の意味は分かっているようでした。

話を聞いているときのレン君は、机の上にある物で遊んだり、廊下や外を見たりする様子が見られました。

どうしてだろう ?

レン君は個別で指示をすると活動に取り組むことができますが、集団場面で指示をしたときには、机の上にある物を触ったり、廊下や外を見たりして指示を聞いておらず、活動の取り掛かりが遅れました。このことから、集団場面での指示をするときに、注意を向けることが困難であると考えられます。特に、集団場面での指示では、個別に指示をするときよりも指示が長くなりがちです。そのため、注意の持続が苦手な園児は、指示を聞き逃してしまいます。

解決に導いた支援 →

先生は話に注意が向くように机の上の物を片付ける指示をして、机の上がきれいになってから話し始めるようにしました。また、レン君が廊下側や窓側に座ると廊下を歩く人や教室の外の様子が気になってしまうので、席を教室の中央前方に配置しました。そして、先生の話を聞いている様子を褒めるようにしました。

さらに、指示や話が長くなると、注意が逸れてしまうため、指示や話はできるだけ短くしました。レン君のクラスには、文字を読むことができる園児が何人かいて、レン君も文字を読むことができました。先生は話をしながら、大切なことは黒板に文字やイラストを書くことで、注意が逸れたときも、活動に困ることがないようにしました。

　机の上にある物や廊下を歩く人などに注意が逸れやすいレン君は、“教材を触る”行動が起きてしまい、先生の指示を聞き逃すことがありました。そこで、先生は机の上の教材を片付けさせてから話をするようにしました。机の上に教材がないため、レン君の“教材を触る”行動は起きなくなり、“先生の話を聞く”行動が起きるようになりました。そして、先生から褒められるようになりました。

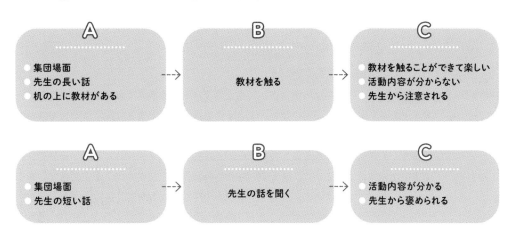

　また、先生は黒板に活動内容を示すようにしました。そうすることによって、レン君が先生の指示を聞き逃しても、“黒板を見る”行動をすると活動内容が分かるようになりました。そうすることで、活動の取り掛かりが遅れることが減ってきました。

　黒板に活動内容を示すことは、レン君の注意が逸れたときに、活動内容が分からなくて困ることがないように、補助的な支援として用いました。

先行事象

　レン君の“教材を触る”行動が起きるのは、机の上に教材がある環境が原因だと考えられました。そこで、机の上の教材を片付けさせてから話をすることで、“教材を触る”行動が起きないようにしました。

結果事象
好子出現による行動の強化

　レン君は“先生の話を聞く”行動の後、話を聞いている様子を褒められました。そうすることによって、レン君の“先生の話を聞く”行動は増えました。

指示が通らない？
みんなから遅れてしまう 3

先生の注目や関わりを求めているケース

園児の様子 3歳

　ミオちゃんは、先生が「トイレに行きましょう」や「お片付けをするよ」と指示を出すと、「やだ」と大きな声を出して、離れてしまいます。

　先生が「トイレに行かないと、もれちゃうよ」と言って追いかけると、ミオちゃんは笑いながらトイレに行くことがあり、この一連の流れが習慣化していました。また、ミオちゃんが玩具の片付けをしないとき、先生はしばらく様子を見て、それでも片付けが始まらないときは、ミオちゃんと一緒に玩具の片付けを行いました。

　ミオちゃんはお話が得意で、先生の指示の内容を理解することはできていました。また、家庭ではトイレに行くことやお片付けをすることを嫌がる様子は見られないようです。

どうしてだろう ？

　ミオちゃんは、「トイレに行かないと、もれちゃうよ」と先生が追いかけてくることを、明らかに楽しそうにしていました。

　また、「お片付けをするよ」という指示に対して、「やだ」と言うことで、遊ぶ時間が延びてしまいました。そして、先生が片付けを手伝うため、「やだ」と言った後に先生との関わりが増えていました。

解決に導いた支援 →

　先生はミオちゃんの「やだ」に対して、追いかけたり、片付けを手伝ったりすることをやめました。そして、トイレに行く園児や、片付けをしている園児に対して、「すぐにトイレに行けるなんて、えらいね」、「お片付け早いね」、「さすがだね」と褒めるようにしました。そして、ミオちゃんがトイレに行ったり片付けを始めたりしたとき、すぐに「ミオちゃんもえらいね」と注目しながら褒めるようにしました。

　ミオちゃんが片付けを始めるまでに時間がかかるときもありました。しかし、先生はミオちゃんが自分から片付け始めるまでは、注目や手伝いをすることを避け、我慢して待ちました。そして、少しでも片付けを始めたら、すぐに褒めるようにしました。今では、1番に片付けやトイレに行くようになり、先生から褒められて得意げな様子が見られるようになりました。

支援のポイント ！

　これまで、「トイレに行きましょう」と指示があったとき、ミオちゃんは"やだ"と言う"行動を起こすことで、先生に追いかけられるという関わりを得ていました。この先生との関わりは、ミオちゃんの"「やだ」と言う"行動を増やしていました。

A	B	C
● 先生の「トイレに行きましょう」という指示 ● 先生との関わりがない	「やだ」と言う	● 先生に追いかけられる ● 先生と関わることができる

　そこで、先生はミオちゃんの"「やだ」と言う"行動が起きても追いかけるような関わりをしないようにしました。そして、"トイレに行く"行動が起きたときにすぐに褒めるようにしました。

A	B	C
● 先生の「トイレに行きましょう」という指示 ● 先生との関わりがない	トイレに行く	● 先生から褒められる ● 先生と関わることができる

　また、片付けの時間では"「やだ」と言う"行動が起きることで遊ぶ時間が増えたり、先生が手伝ってくれて関わりを得たりしました。

A	B	C
● 先生からの「お片付けをしましょう」という指示 ● 先生との関わりがない	「やだ」と言う	● 遊ぶ時間が増える ● 先生が手伝ってくれる ● 先生と関わることができる

　そこで、先生は片付けをしている他の園児を褒めながら、ミオちゃんが"片付けをする"行動が起きたときにすぐに褒めるようにしました。

A	B	C
● 先生からの「お片付けをしましょう」という指示 ● 先生との関わりがない	片付けをする	● 先生から褒められる ● 先生と関わることができる

考え方の
ポイント
ABA
の理論

行動の機能
要求
　ミオちゃんの"「やだ」という"行動の背景には、「先生に関わってもらいたい」という気持ちや「もっと遊びたい」という気持ちがあり、先生に追いかけられたり、遊び時間が増えたりすることで、"「やだ」という"行動が増えていました。

分化強化
　ミオちゃんの"「やだ」と言う"行動の後は、注目や関わりを得られないようにしました。一方で、"トイレに行く"行動や"片付けをする"行動の後は、しっかりと褒めることで、注目や関わりを得られるようにしました。

指示が通らない?
みんなから遅れてしまう 4

活動の内容を十分に理解できていないケース

CASE 25

園児の様子 4歳

先生が「ご飯の準備をしましょう」と指示を出しても、アオイ君は教室をふらふらしていて、ご飯の準備に取りかかりません。周りの園児の準備が終わろうとしていても、アオイ君は急ごうとしません。先生が「アオイ君、ご飯の準備だよ」と個別に指示すると、はっとして、食事の準備に取り掛かりますが、またしばらくすると手が止まり、周りの園児と遊んでしまいます。そのため、先生はひとつひとつ、「水筒を取ってきて」、「お箸セットを持ってきて」と指示することが必要でした。

このような場面は日常的にあり、登園後の準備、降園前の準備などにも個別の指示が必要でした。

どうしてだろう ?

アオイ君は「ご飯の準備をしましょう」という指示では取り掛かりませんでしたが、「水筒を取ってきて」といった具体的な指示をすると取り掛かることができました。ご飯の準備といった抽象的な指示では、アオイ君は何をすればいいのか分からないのだと考えられます。そして、何をすればいいのか分からないために、途中で遊んでしまいます。

解決に導いた支援 →

先生は、アオイ君が友だちの行動の真似をして活動に取り掛かることができることを目標にしました。アオイ君が止まっているときは、何をするのか具体的に伝えるのではなく、「何をするんだっけ?」とアオイ君に尋ねました。アオイ君が正しく活動ができたときに「そうだね」と褒めました。また、もし分からないようなときは、「みんな何してる?」と尋ね、友だちを指差しました。これは、先生の指示ではなく、友だちの様子をきっかけに活動を促すためでした。アオイ君が友だちの行動の真似をして、同じように行動ができたときにしっかりと褒めました。

アオイ君は、少しずつ、1人で活動ができるようになりました。登園の準備、食事の準備も始めは先生の付き添いが必要でしたが、これらの準備も少しずつ1人で準備をすることができるようになりました。アオイ君が5歳児クラスに進級したとき、担任の先生や教室は変わりましたが、以前よりも1人でできることが増えていました。

これまでの先生の集団への指示は抽象的な指示のため、アオイ君は"教室をふらふらする"行動が見られ、その後、先生から分かりやすい具体的な指示を得ることで、"教室をふらふらする"行動が増えていました。アオイ君は、先生からの具体的な指示が出た後に活動に取り組み始めるので、みんなから活動が遅れてしまいます。

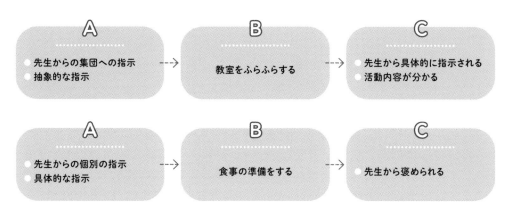

そこで、アオイ君に対して、「みんな何してる？」と尋ねることで"友だちの様子を見る"行動を促しました。アオイ君は"友だちの様子を見る"行動の後、友だちのお手本を見て何をすればいいのか分かりました。そして、1人で"食事の準備をする"行動が起こり、先生から褒められました。その後、アオイ君は先生からの具体的な指示や声かけがなくても、"友だちの様子を見る"行動を起こし、活動に取り組むことができるようになりました。

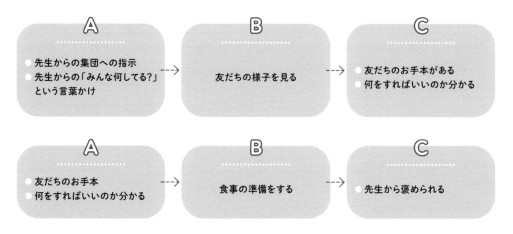

モデリング

アオイ君は"友だちの様子を見る"行動の後、友だちのお手本を見ることができました。アオイ君は友だちのお手本を見て、真似をしながら活動に参加することができました。

指示が通らない？
みんなから遅れてしまう 5

物の場所や自分の持ち物が分からず準備につまずいているケース

園児の様子 4歳

イチカちゃんは新年度になり、これまでにできていた登園後の準備や、降園前の準備が1人でできず、先生からの頻繁な声かけが必要でした。声をかけずにイチカちゃんの様子を観察すると、教室内をうろうろとしていました。また、先生が、「イチカちゃん、水筒を持ってきて」と伝えるだけでは水筒までたどり着かず、一緒に水筒の場所まで行き、渡してあげることが必要でした。

イチカちゃんは昨年度、準備が1人でできていたので、準備をするスキルはあるはずです。また、遊んだり、友だちと話したりして準備が遅れているわけでもありませんでした。

どうしてだろう ?

先生は降園の準備の過程をひとつひとつ具体的に記述した表をつくり、イチカちゃんがつまずいた過程にチェックをするようにしました。

すると、イチカちゃんは水筒の置き場所に行くまでに時間がかかること、自分の水筒とナプキンを取り出すことができないことがわかりました。

先生は昨年度の先生に水筒とナプキンの置き場所を尋ねてみました。すると、水筒は自分のカバンの横に置き、ナプキンは自分の机の横にかけていたようです。そのため、昨年度は自分の水筒やナプキンを探す必要がなかったために、自分で片付けができていたのです。

解決に導いた支援 →

そこで、先生は水筒を昨年度と同様、かばんの近くにかけるようにしました。また、ナプキンにイチカちゃんが好きなキャラクターをつけました。そうすることで、イチカちゃんは、好きなキャラクターを目印にナプキンを見つけることができ、降園前の準備がスムーズになりました。

先生は、同じように登園後の準備のどの過程でつまずいているのか調べました。そうすることによって、イチカちゃんが困っているところを具体的に知ることができました。

**支援の
ポイント
！**

先生は"降園前の準備をする"といった一連の行動を複数の小さな行動に分け、次のような表をつくりました。すると手順1の"水筒をかごから取る"行動と手順3の"ナプキンを取る"行動でイチカちゃんがつまずくことが分かりました。

手順	内容	結果
1	水筒をかごから取る	×
2	水筒を机の上に置く	○
3	ナプキンを取る	×
4	ナプキンをかばんに入れる	○
5	かばんを机に置く	○

そこで、イチカちゃんがこれらの手順につまずかないように、水筒の位置を変えたり、ナプキンに目印をつけたりするなど環境を整えました。そうすることで、イチカちゃんは1人で降園前の準備ができるようになりました。

**考え方の
ポイント
ABA
の理論**

課題分析

先生は、"降園前の準備をする"といった一連の行動を複数の小さな行動に分け、ひとつひとつの行動について、イチカちゃんが1人でできるかどうかチェックしました。そうすることで、イチカちゃんがつまずく過程を見つけることができました。

気持ちの切り替えが困難 1

CASE 27

時間の見通しがもてないために気持ちが切り替えられないケース

園児の様子 4歳

エマちゃんは帰りの時間、お母さんが迎えに来て名前が呼ばれると、「嫌だ」、「もっと遊ぶ」といい、遊びを終えることができません。お母さんは、エマちゃんが満足するまで待ち続けていました。長いときには、30分以上、お母さんは待ち続けることもあります。一方、お迎えが来るとすぐに帰ることができる日もありました。そのようなときは、遊びに飽きているときでした。

エマちゃんは、保育所での他の場面や家庭においても、活動を切り替えることができないときがありました。

どうしてだろう ?

エマちゃんは、一度活動を始めると最後まで終わらせたいという気持ちが強くありました。時間の見通しがもてないエマちゃんにとって、遊び始めたとき、急にお母さんが迎えに来るときがあります。エマちゃんの「今、始めたばっかりなのに」という気持ちが「嫌だ」という表現になっているのです。

解決に導いた支援 →

先生は、エマちゃんが気持ちの切り替えをできるように、いつになったらお母さんが迎えに来るか分かりやすく示すようにしました。まず、先生はお母さんと迎えに来る時間を具体的に決めました。エマちゃんのお母さんは仕事終わりに迎えに来ており、ほぼ同じ時間に迎えに来ることができました。次に、お母さんが迎えに来る時間をエマちゃんに分かりやすく伝えるようにしました。エマちゃんは、まだ時計の数字を読むことができないので、お母さんが迎えに来る時間にウサギの目印を貼りました。そして、「赤い針がウサギさんに来たら、お母さんが迎えに来るよ」と伝えました。

また、お母さんが迎える時間が近づいたら、エマちゃんに「もうすぐ、赤い針がウサギさんに来るね」と伝えました。エマちゃんは、時計を見ながら、「もうすぐ、お母さんが来るね」と言いました。

お母さんが時間通りに迎えに来て、エマちゃんもすぐに片付けをしたら、先生とお母さんは、エマちゃんをしっかりと褒めました。

これまで、エマちゃんはいつお母さんが迎えに来るのか分かりませんでした。そのため、急に好きな遊びを終えるように指示されることがありました。そして、"「やだ」と大きな声を出す"行動の後、玩具で遊ぶことができることで、"「やだ」と大きな声を出す"行動が増えていました。

A
- 好きな玩具
- いつお母さんが迎えに来るか分からない
- 急に遊びの終わりを指示される
- お母さんの姿

B
「やだ」と大きな声を出す

C
- お母さんが待ってくれる
- 好きな玩具で遊ぶことができる

そこで、先生はエマちゃんがいつお母さんが迎えに来るのか分かるようにしました。エマちゃんは印のついた時計を見たり、先生が「もうすぐ、お母さんが迎えに来るね」と教えてくれたりするため、見通しをもって遊びをすることができました。

遊びの途中で急に終わりを指示されることがなくなったため、エマちゃんの"大きな声を出す"行動は起きにくくなりました。さらに、お母さんが迎えに来る時間になったときに"玩具を片付ける"行動が起きたら、先生やお母さんから褒めてもらえました。このような関わりは、エマちゃんの"玩具を片付ける"行動を増やすこととなりました。

A
- 好きな玩具
- いつお母さんが迎えに来るか分かる
- 遊びが終わる時間が分かる
- お母さんの姿

B
玩具を片付ける

C
- 先生から褒められる
- お母さんから褒められる

行動の機能
要求

エマちゃんの"「やだ」と大きな声を出す"行動の背景には、「もっと遊びたい」という気持ちがあり、遊び時間が増えることで、"「やだ」と大きな声を出す"行動が増えていました。

先行事象

エマちゃんの"「やだ」と大きな声を出す"行動が起きやすいのは、お母さんが迎えに来る時間が分からず、急に遊びを終えるように指示をされていることが原因だと考えられました。そこで、お母さんが迎えに来る時間を事前に示すことで、"「やだ」と大きな声を出す"行動が起きにくくなりました。

結果事象
好子出現による行動の強化

エマちゃんは"玩具を片付ける"行動の後、先生やお母さんから褒められました。そうすることによって、エマちゃんの"片付ける"行動は増えました。

CASE 28

気持ちの切り替えが困難 2

友だちを押すことで1番になるというこだわりを満たせたケース

園児の様子 5歳

　カナタ君は、1番になることへのこだわりが強く、トイレに入るとき、列に並ぶとき、手を洗うときに1番でないと、友だちを押したり、大きな声で泣いたりしていました。先生はカナタ君に、1番でなくても良いことを話しましたが、「だって、1番が良かったんだもん」と言い、気持ちを落ち着かせるまでに時間がかかりました。

　じゃんけんで順番を決めることもありましたが、負けたときに友だちを押したり、泣いたりしました。事前に、負けることがあることを説明しても、そのような様子は変わりませんでした。

どうしてだろう ?

　カナタ君は、1番へのこだわりが強く、1番になれなかったことで悔しい思いをしたときに友だちを押す様子が見られました。友だちを押すことで、結果的に1番になれたこともあったようです。

　これまで、先生は「手を洗いに行きましょう」、「集まりましょう」という指示をしていました。このような指示は順番が明確でないため、カナタ君は1番になりたいという気持ちが強くなっていました。そして、1番になれなかったときに、カナタ君は友だちを押したりその場で泣いたりしてしまいました。

解決に導いた支援 →

　先生は席ごとに動物の名前をつけ、「○○さんの席の人から準備にしましょう」や「背の低い順番に並びましょう」といった、あらかじめ順番が明確に決まった指示を出すようにしました。このような指示は、カナタ君の1番になりたいという気持ちが起きない指示でした。

　カナタ君は、1番になれなかったという出来事がなくなったので、落ち着いて行動することができるようになりました。

これまで、先生は明確に順番が決まっていない指示をしていました。このような指示は、1番にこだわりのあるカナタ君の1番になりたいという気持ちを強くしました。そして、カナタ君は1番になれないことによって、"友だちを押す"行動が起き、行動の後に1番になれることがあったために、"友だちを押す"行動が増えました。

A	B	C
● 手を洗いに行くとき ● 明確な順番が決まっていない指示 ● 1番になりたいという気持ち	友だちを押す	● 1番になれる

また、"泣く"行動の後に先生が来て、じゃんけんをするように指示され、結果的に1番になれることがありました。

A	B	C
● 手を洗いに行くとき ● 明確な順番が決まっていない指示 ● 1番になれなかったとき	泣く	● 先生が来る ● じゃんけんをするように指示され、1番になれる

そこで、先生は席ごとに動物の名前をつけ、「○○さんの席の人から準備にしましょう」といったように、順番が明確に決まった指示を出すようにしました。順番が明確に決まっているため、カナタ君に1番になれなかったという出来事がなくなり、"友だちを押す"行動や"泣く"行動が起きなくなりました。そして、代わりに、指示通りに"順番を守る"行動が起こるようになり、先生から褒められることで、"順番を守る"行動が増えてきました。

A	B	C
● 手を洗いに行くとき ● 明確に順番が決まった指示	順番を守る	● 先生から褒められる

先行事象

カナタ君の"順番を守る"行動が起きやすくなるように、"順番を守る"行動の前に、明確に順番が決まった指示を行いました。そうすることによって、カナタ君の"順番を守る"行動が起きやすくなりました。

結果事象
好子出現による行動の強化

カナタ君は"順番を守る"行動の後、先生から褒められました。そうすることによって、カナタ君の"順番を守る"行動は増えました。

CASE
29

気持ちの切り替えが困難 3

気持ちが高ぶることで友だちを押してしまったケース

<table>
<tr><td>園児の
様子
6
歳</td></tr>
</table>

遊びの時間、何人かの園児が縦横無尽に動き回ったり、「これ、みてー」と友だちを呼ぶ声がしたりして、落ち着かない環境でした。そのなかで、ユウセイ君は紙広告で作った剣を持って、遊びに参加していない友だちを叩いたり、友だちが積んだブロックを倒したり、友だちを押したりしてしまいました。

先生が「ユウセイ君！」と名前を呼ぶと、ふと我に返り「しまった」という顔をします。そして、自分から友だちに「ごめんなさい」と謝りました。

しかし、このようなことは何度も見られ、ユウセイ君の周りには「ユウセイ君が押した」、「ユウセイ君が玩具を倒した」という園児からの報告がたくさんありました。

<table>
<tr><td>どうして
だろう
?</td></tr>
</table>

ユウセイ君は、「しまった」という顔を見せていることや、友だちに謝っている様子から、し

てはいけないことをしてしまったということを理解しているようです。しかし、友だちを追いかけたり、戦いごっこをしたりして、気持ちが高ぶると周りが見えなくなってしまうようです。一度気持ちが高ぶると、ユウセイ君は気持ちを抑えることができず、友だちを押してしまったり、叩いたりするような行動が起きやすくなってしまいます。

<table>
<tr><td>解決に
導いた
支援
→</td></tr>
</table>

まず、先生はユウセイ君を含め、遊びの時間に自由に立ち歩いたり、走り回ったりすることをなくすため、教室の環境を、粘土遊びをする粘土ゾーン、ブロックをするブロックゾーン、本を読む絵本ゾーンというように決め、遊び内容に合わせた空間を作りました。そして、遊び時間の始めに、どのような遊びをしていいのか、どのような遊びはしてはいけないのかについて、ルールをイラストで示しながら確認しました。ま

た、各ゾーンの机に遊んで良い遊びの写真を机に貼りました。そうすることで、園児は立ち歩くことが少なくなりました。

また、ユウセイ君は気持ちが高ぶると周りが見えなくなり、友だちを強く押したり、友だちが作った玩具を倒したりしてしまいます。少しでも、ユウセイ君の気持ちが高まりそうな様子が見られるときにはすぐに声をかけ、気持ちを落ち着かせるようにしました。

これまでの遊び時間では、園児は縦横無尽に動き回り、好きな遊びを行っていました。そのため、遊びの時間、戦いごっこをする園児、教室の真ん中で積み木を積む園児、作った粘土の作品や描いた絵を見せ合うために歩き回る園児などがいて、落ち着かない環境でした。

そこで、先生は空間ごとに遊びを決めることで、園児の遊ぶ内容と遊ぶ場所を限定しました。

また、遊び時間の前、どのような遊びをしていいのか、どのような遊びはしてはいけないのかについてのルールをイラストで示しながら確認しました。事前にルールを示すことで、園児の"ルールを守る"行動が起きやすくなり、そして"ルールを守る"行動の後、先生から褒められることで、"ルールを守る"行動が増えました。それと同時に、トラブルが起きることが少なくなりました。

教室環境を整えること、事前にルールを確認し、"ルールを守る"行動が増えることで、ユウセイ君も気持ちが高ぶることは減りました。また、ユウセイ君の気持ちが高ぶったときには、すぐに声をかけ気持ちを落ち着かせることで、大きな問題が起きなくなりました。

先行事象

ユウセイ君や他の園児の"ルールを守る"行動が起きやすくなるように、遊びの時間の始めに、遊び内容と場所を定めたルールを示しました。そうすることで、ユウセイ君や他の園児の"ルールを守る"行動が起きやすくなりました。

集団活動から離れる 1

感覚過敏があり大きな音が苦手なケース

リツ君は歌を歌う時間になると落ち着かなくなり、整列した場所から離れてしまいます。一方、体操や絵本の読み聞かせ、工作の時間には整列した場所から離れることもなく、活動に参加できました。

歌を歌う時間にリツ君が整列した場所から離れたとき、先生はリツ君を追いかけて、もとの場所に戻るように声をかけるのですが、リツ君はその場で座り込んで、戻ることに抵抗したり、戻ってもすぐにまたその場所から離れたりしました。

保育所や家庭で、リツ君が歌っている様子が見られ、保護者からも歌を歌うことが好きだという報告がありました。しかし、リツ君は大きな音楽が流れているところや、花火や救急車の音を好まないということでした。

リツ君は保育所や家庭で歌っている様子が見られるように、歌を歌うことは好きな活動です。また、体操や絵本の読み聞かせなどの活動には参加しており、どうやら歌を歌う活動の環境に原因があるようです。

お母さんからの報告にあるように、リツ君は大きな音が苦手です。活動に参加することが苦手なのではなく、大きな音が苦手で、音から離れるために活動から離れているのです。

先生はリツ君の大きな音が苦手という特性に配慮して、リツ君に歌を歌うときの場所はどこが良いのか聞きました。すると、最もピアノから離れた場所を選びました。先生は歌を歌うときは、リツ君を列の一番後ろのピアノや音源から離れた場所で活動に参加させるようにしました。また、補助の先生がいるときはリツ君の近くに立ち、リツ君の様子を見守るようにしました。リツ君は近くに先生がいると活動に参加しやすいようでした。

リツ君は普段から大きな音が苦手であり、"その場から離れる"行動の後、大きな音がなくなることで、"その場から離れる"行動が増えていました。

リツ君に歌う場所を決めさせることで、リツ君にとって、ピアノの音が快適な音量となる場所を特定できました。リツ君は、そのような環境で活動に参加すること、また、近くで先生が見守ってくれることで、音楽を楽しむことができ

きました。さらに、近くの先生は、リツ君の"活動に参加する"行動の後、すぐに褒めることができました。その結果、リツ君の"活動に参加する"行動が増えました。

リツ君のように、活動から離れるときに、なぜ離れるのかうまく説明できない園児もいます。保護者から普段の様子を聞き取ったり、行動が

起こる前後をよく観察したりして、なぜその行動が起こるのかを推測することが大切です。

行動の機能
逃避
　リツ君の"その場から離れる"行動の背景には、「大きな音から逃げたい」という気持ちがあり、大きな音がなくなることで、"その場から離れる"行動が増えていました。

先行事象
　リツ君の"その場から離れる"行動が起きるのは、大きな音が原因だと考えられました。そこで、リツ君にとって快適な音量となる場所で活動させることで、"その場から離れる"行動が起きにくくなりました。

結果事象
好子出現による行動の強化
　リツ君の場所を配慮することで、リツ君は"活動に参加する"行動の後、音楽を楽しむことができたり、先生から褒められたりしました。そうすることによって、リツ君の"活動に参加する"行動は増えました。

集団活動から離れる 2

活動の終わりの見通しがなく参加できないケース

園児の様子 4歳

　ソウマ君は運動会や音楽発表会など行事の練習のときに練習に参加しないで、その場から離れる様子が見られました。普段の運動や音楽の時間には参加して楽しそうな様子も見られるた

め、運動や音楽が嫌いではないようです。ソウマ君が離れたとき、先生は「もう少しで終わるから頑張ろうね」と声かけをしたり、休憩をさせたりしました。

どうしてだろう？

　運動会や音楽発表会といった行事の練習は、同じ内容を繰り返し練習することになります。しかし、園児にとっては、同じ内容を繰り返すことで活動に飽きてしまい、活動に参加した後の楽しさが感じられなくなります。

　活動がいつ終わるのか、あと何回するのかといった見通しがないと、園児はその場から離れ

たくなってしまいます。活動に飽き、見通しのない環境が、ソウマ君が集団活動から離れる原因となっていました。また、ソウマ君が集団活動から離れた後、先生と関わることができたり、休憩をしたりすることができたため、活動から離れる行動が増えたのだと考えられます。

解決に導いた支援 →

　先生は、どのような活動を何回するのかといった見通しをもたせるため、黒板に活動内容を示すイラストを貼り、その横に、練習する回数を示す○を書きました。そして、練習が1回終わるごとに○を1個消しました。○がすべてなく

なると、活動を終え、最後まで参加したことを褒めました。黒板のない場所で活動が行われるときは、持ち運びが可能なホワイトボードを使いました。

　また、時間の見通しをつけるときには、時計を用いました。時計の長い針にクマのイラストをつけ、活動が終わる時間の数字の場所に家のシールを貼りました。先生は「クマさんが家についたらおしまいだよ」といった指示を出すことで、活動に見通しをつけました。

○○○

**支援の
ポイント
！**

　ソウマ君は何度も同じ活動を繰り返すことで、活動に飽きてしまい、"活動に参加する"行動の後に楽しさが得られませんでした。その結果、"活動に参加する"行動が減りました。

Ⓐ	Ⓑ	Ⓒ
○ 運動会の練習の時間 ○ 同じ活動内容 ○ 活動への飽き ○ いつ終わるか分からない	活動に参加する	○ 楽しさがない ○ 先生から褒められる

　そのため、ソウマ君の"活動に参加する"行動の替わりに、"その場から離れる"行動が起きるようになり、その結果、先生の関わりや休憩をすることができました。

Ⓐ	Ⓑ	Ⓒ
○ 運動会の練習の時間 ○ 同じ活動内容 ○ 活動への飽き ○ いつ終わるか分からない	その場から離れる	○ 先生と関わることができる ○ 休憩することができる

　そこで、先生は活動の見通しがもてるように、活動を行う前に○で回数を示しました。ソウマ君を含め、園児はあと何回活動すれば終わるのか見通しがもて、"活動を行う"行動の後には、○が1つ消えることで、"活動を行う"行動が増えました。

Ⓐ	Ⓑ	Ⓒ
○ 運動会の練習の時間 ○ 同じ活動内容 ○ 活動への飽き ○ ○で回数を示した活動内容	活動を行う	○ ○が1つ消える ○ 先生から褒められる

　また、時計の針にクマ、活動の終わりの時間に家のイラストを貼ることで、時間が読めなくても見通しをもたせることができました。活動が終わる時間が理解できることで、ソウマ君の"活動を行う"行動を起きやすくすることできました。

**考え方の
ポイント
ABA
の理論**

先行事象

　ソウマ君の"活動に参加する"行動が起きにくいのは、行事の練習があと何回行われるのかなどの見通しがないことが原因だと考えられました。そこで、練習の回数を示すことで、"活動に参加する"行動が起きやすくなりました。

結果事象
嫌子消失による行動の強化

　ソウマ君は"活動を行う"行動の後、活動の練習回数を示した○がひとつ消えました。その結果、ソウマ君の"活動を行う"行動が増えました。

集団活動から離れる 3

CASE 32

友だちからの注目が活動から離れることを増やしているケース

園児の様子 5歳

　ユズちゃんは食事の準備をしているときやトイレに行くとき、廊下に出て、他の教室をのぞいたり、友だちに手を振ったりする様子が頻繁に見られました。ユズちゃんを見て真似をする友だちも数名いました。手を振ったら反応してくれる友だちや真似をする友だちを見て、ユズちゃんはとても楽しそうです。先生は、ユズちゃんに食事の準備をしなければいけないことや、廊下に出る時間ではないことを説明しました。先生がそのように伝えると、笑いながら教室に戻り、食事の準備をしますが、活動から離れることは減りませんでした。

どうしてだろう ?

　ユズちゃんは、廊下に出て他の教室をのぞいたり、友だちに手を振ったりすることで、友だちが反応したり真似をしたりするといった注目を得ることができました。ユズちゃんは、友だちの反応を楽しんだり、注目されたりすることで、ユズちゃんの廊下に出ることが増えていました。また、先生からの注意も、ユズちゃんに注目を与えてしまっていました。

解決に導いた支援 →

　先生はユズちゃんが活動に参加することで、友だちや先生から注目を得られるようにすることが必要だと考えました。そこで、食事の準備を座席の列ごとに行うようにしました。一列目の園児の全員が食事の準備を終えたら、「できました」といい、2列目の園児が食事の準備を行います。このように、列ごとに準備をすることで、待っている園児から注目を得ることができました。また、先生も準備をしている園児を褒めることができました。

　一見、時間がかかるように思えましたが、廊下に出たり、話をしたりする園児が減り、園児全員の食事の準備が早くなりました。また、今は園児のみでこの方法を行っています。先生は配膳の準備をしながら、園児を褒めることができています。

　ユズちゃんは、"廊下に出て、友だちに手を振る"行動をすることで、先生や友だちからの反応や注目を得ていました。

　そこで、食事の準備は席の列ごとに行うようにしました。"食事の準備をする"行動をすることで、先生や友だちから注目されたり、先生から褒められたりするようになりました。

　このような方法は園児全員に、望ましい行動のお手本を示す機会にもなりました。その結果、全員が一斉に食事の準備をするよりも、ずっと早く食事の準備ができるようになりました。

行動の機能
注目

　ユズちゃんの"廊下に出て、友だちに手を振る"行動の背景には、「先生や友だちから注目されたい」という気持ちがあり、先生や友だちから注目されることで、"廊下に出て友だちに手を振る"行動が増えていました。

結果事象
好子出現による行動の強化

　ユズちゃんの"食事の準備をする"行動の後、先生や友だちから注目されたり、先生から褒められたりしました。そうすることによって、ユズちゃんの"食事の準備をする"行動は増えました。

第 **3** 章

もっと知ろう！
応用行動分析学の
理論と応用

第3章では、第2章で紹介した事例の支援で用いた
応用行動分析学の理論を説明します。

応用行動分析学の理論は、日常生活場面や保育場面での
さまざまな行動の分析に応用することができます。
本書では、日常生活場面や保育場面での例を多数紹介していますが、
それらの例以外にも、自分やいろいろな人の行動を
応用行動分析学の理論を用いて考えてみてください。
すると、多くの行動が先行事象や結果事象に影響を
受けていることに気付くと思います。

なお、本書で紹介した応用行動分析学の理論は一部ですので、
応用行動分析学に興味をもち、さらに学びたいと思った方は、
講演会や研修会に参加したり、他の書籍を読んだりして、
学びを深めていってください。

先行事象

行動が起きる直前の出来事や環境にあるもの

　先行事象は望ましい行動や結果事象を示したり、結果事象の効果に影響を与えたりします。第1章の10ページでは、どのようなものが先行事象に入るのか説明しました。ここでは、行動への影響について説明します。

望ましい行動を示す（プロンプト）

　先行事象は、望ましい行動を示すことができます。応用行動分析学では、プロンプトといいます。プロンプトには、言葉や文字、音、絵やジェスチャー、身体を直接触りながら教えることなどいろいろな方法があります。望ましい行動を実際に見せるモデリング（→96ページ）もプロンプトの一種です。

● 日常生活場面での応用 ①
プロンプト　スマートフォンのアラーム機能
行動　時間に遅れないように会議に参加する
　10時から開始される会議に遅れないように、5分前にアラームが鳴るようにスマートフォンを設定した。アラームの音で時間に気付き、遅れないように会議に参加することができた。

● 日常生活場面での応用 ②
プロンプト　「今日は火曜日だから燃えるゴミを捨ててね」と伝える
行動　火曜日に燃えるゴミを捨てる
　毎週火曜日に燃えるゴミを捨てる約束をしている夫に、火曜日の朝、忘れないように「今日は火曜日だから燃えるゴミを捨ててね」と伝えた。そのことがきっかけとなり、出かける前、忘れずに燃えるゴミを捨てることができた。

● 保育場面での応用 ①
プロンプト　玩具の片付ける場所を指差す、「ここの棚に玩具を片付けてね」と伝える
行動　正しい場所に玩具を片付ける
　新年度、新しい教室の玩具を片付ける場所を教えるために、指差しをしながら「ここの棚に玩具を片付けてね」と子どもたちに伝えた。子どもたちは先生の指差しを見たり、指示を聞いたりして、玩具を片付ける場所が分かり、正しい場所に玩具を片付けることができた。

● 保育場面での応用 ②
プロンプト　お絵かきのお手本を示す
行動　遠足で行った動物園の絵を描く
　遠足で行った動物園の絵を描く活動のとき、先生は「ゾウさんがいたね」と言いながら、ゾウの絵を描いた。それを見た子どもたちは、それぞれ動物園の絵を描くことができた。

　プロンプトは望ましい行動を引き起こすことができますが、最終的にはプロンプトがなくても望ましい行動が起きることが必要となります。例えば、子どもたちは玩具を片付ける棚が分かったら、先生の指差しや指示がなくても、玩具の片付けをできることが必要です。そのためにも、プロンプトは段階的に減らすことが必要です。例えば、「玩具はどこの棚に片付けるのかな？」や「玩具が出たままだよ」というように、間接的に伝える方法があります（コラム2→108ページ）。

結果事象を伝える

先行事象は、行動が起きたときにどのような結果になるのかといった結果事象を伝えたり、予想させたりすることにより、行動に影響を与えます。

●日常生活場面での応用

先行事象 店の広告にある「ポイント5倍セール」という文字

行動 店で買い物をする

朝刊の広告で「ポイント5倍セール」という文字を見たので、今日すぐに必要なわけではないが、日用品を買った。

●保育場面での応用

先行事象 先生がある子どもが書いた絵を褒めて友だちに紹介する

行動 絵を描く

お絵かきの時間、先生はある子どもの作品の良い点を他の子どもたちに紹介しながら褒めた。それを見た他の子どもたちは、注目されたり、褒められたりしようと"絵を描く"行動が増えた。

結果事象の効果を強くしたり弱くしたりする

先行事象は、結果事象の効果を強くしたり弱くしたりすることで、行動に影響を与えます。

●日常生活場面での応用

先行事象 空腹感

行動 夜中にお菓子を食べる

空腹なときほど、夜中にお菓子を食べる行動が起きやすくなった。一方で、満腹なときほど、夜中にお菓子を食べる行動は、起きにくくなった。

●保育場面での応用

先行事象 活動が制限されている状況

行動 教室内を走り回る

動きが活発な子どもは、常に教室にいて活動を制限される状況が続くと、"教室内を走り回る"行動が起きやすくなった。一方で、外遊びの時間に走り回ったり遊具で遊んだりした後は、教室内を走り回る行動は起きにくくなった。

結果事象

定義

行動が起きた直後の出来事や環境

好子（こうし）：行動の直後に起こる結果事象のうち、行動を増やすもの

嫌子（けんし）：行動の直後に起こる結果事象のうち、行動を減らすもの

結果事象は、行動を増やしたり、減らしたりします。応用行動分析学では、結果事象によって行動が増えることを「強化（きょうか）」と言い、反対に、

結果事象によって行動が減ることを「弱化（じゃっか）」と言います。ここでは、「好子」「嫌子」が「強化」「弱化」とどのように関係するのかについて、4つのパターンを説明していきます。

なお、好子、嫌子は、ひとりひとりによって異なります。ある子どもにとっての好子が、別の子どもにとっては好子ではなかったり、嫌子であったりすることがあります。その子どもにとっての好子はなにか、嫌子はなにかを把握することがまずは必要となります。

行動の直後、好子が出現することによって行動が増える（好子出現による行動の強化）

行動を起こした結果、好子が現れると、行動は増えます。

● 日常生活場面での応用

行動 宿題をする

好子 お母さんからの褒め言葉、お菓子

家では、『宿題をしたらお菓子を食べて良い』というルールがあった。そのため、家に帰った後、"宿題をする"行動の後、お母さんから褒め

られ、お菓子を食べることができた。その結果、家に帰った後、すぐに"宿題をする"行動が起きることが増えた。

● 保育場面での応用

行動 運動会の練習に参加する

好子 先生からの褒め言葉

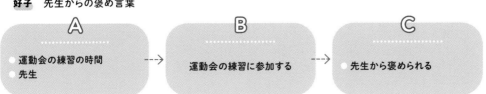

運動会の練習の時間、“運動会の練習に参加する”行動の後、先生から「よく頑張っているね」「上手になったね」とたくさん褒められた。その結果、運動会の練習の時間、“運動会の練習に参加する”行動が増えた。

行動の直後、好子がなくなることによって行動が減る（好子消失による行動の弱化）

行動を起こした結果、好子がなくなると、行動は減ります。

● 日常生活場面での応用

行動　こたつから出る
好子　暖かい感覚

寒い冬の時期、こたつの中は暖かい感覚があったが、“こたつから出る”行動の後には、暖かい感覚がなくなり、寒くなることを経験した。その結果、こたつの中にいるとき、“こたつから出る”行動が減った。

● 保育場面での応用

行動　友だちにボールをぶつける
好子　友だちからの注目、ボールを使った遊び

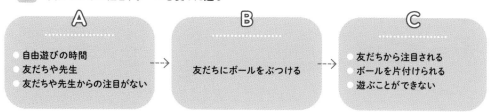

自由遊びの友だちや先生からの注目がないとき、“友だちにボールをぶつける”行動の後、友だちから注目を得られていたが、すぐに先生にボールを片付けられ、遊ぶことができなくなってしまった。その結果、“友だちにボールをぶつける”行動は減った。

このような関わりにより、確かに“友だちにボールをぶつける”行動は減るかもしれません。しかし、“友だちにボールをぶつける”行動の背景には、“友だちや先生からの注目がない”といった先行事象があるために起こりやすくなっています。また、もしかしたら適切な注目を得る行動が分からないのかもしれません。そのため、“ボールを片付ける”といった対応のみではなく、安全で適切な遊び方をしているときにしっかりと注目をしたり、褒めたりすることが大事です。

行動の直後、嫌子が出現することによって行動が減る（嫌子出現による行動の弱化）

行動を起こした結果、嫌子が現れると、行動は減ります。

● **日常生活場面での応用** ···

行動 部活中、友だちとおしゃべりをする
嫌子 顧問から叱られる

部活中、顧問がいるときに、"友だちと会話をする"行動の後、顧問から叱られた。その結果、部活中、顧問がいるときには"友だちと会話をする"行動が減った。

このような場合、顧問がいるときには、"友だちと会話をする"行動は減りますが、顧問がい

ないときは、おしゃべりが見られることがあります（コラム1→20ページ）。部活中の望ましい行動は"活動に参加する"行動です。そのため、"活動に参加する"行動が増える関わりが大事になります。

● **保育場面での応用** ···

行動 「いただきます」の挨拶の前に、お菓子を食べる
嫌子 友だちから注意される

おやつの時間、「いただきます」の挨拶の前にお菓子を食べたら、友だちから「いけないんだー」と注意され、多くの友だちから注目され

た。その結果、「いただきます」の挨拶の前に"お菓子を食べる"行動が減った。

行動の直後、嫌子がなくなることによって行動が増える（嫌子消失による行動の強化）

行動を起こした結果、嫌子がなくなると、行動は増えます。

● 日常生活場面での応用

行動 自分の部屋に行く
嫌子 親からの成績や進路についての質問

A	B	C
● リビング ● 親 ● 親から成績や進路について質問される	自分の部屋に行く	● 親からの成績や進路についての質問がなくなる

　家のリビングにいるとき、親から「テストはどうだったの？」「進路は決めたの？」といった成績や進路についての質問をされ、"自分の部屋に行く"行動の後、これらの質問がなくなった。その結果、リビングに親がいるときは"自分の部屋に行く"行動が増えた。

● 保育場面での応用

行動 教室から出る
嫌子 大きな音

A	B	C
● 大きなピアノの音 ● 大きな友だちの声 ● 歌の時間	教室から出る	● 大きなピアノの音がなくなる ● 大きな友だちの声がなくなる

　歌の時間、大きなピアノの音や友だちの声があり、耐えきれず"教室から出る"行動をすると、大きなピアノの音や友だちの声がなくなった。その結果、歌の時間、大きなピアノの音や友だちの声がするときは、"教室から出る"行動が増えた。

　このように、聴覚の過敏さがある子どもは、周りの子どもにとっては苦痛ではない音であっても、苦痛に感じてしまうことがあります。他の子どもの感じ方を基準とするのではなく、その子どもにとっての行動の背景（第1章スキル2→10ページ）に目を向け、なぜ行動が起きるのかを考える必要があります。

以上をまとめると、次のようになります。

	出現	消失
好子	行動が増える（強化）	行動が減る（弱化）
嫌子	行動が減る（弱化）	行動が増える（強化）

モデリング

望ましい行動を実際に示して、真似をさせることで行動を促すこと

モデリングは簡単に行うことができ、子どもにとってはとても分かりやすいため、子どもの行動を促しやすい方法です。

ただし、モデリングをするときには、相手が行うことができる行動を示す必要があります。例えば、バランスをとりながら一輪車に乗ることが難しい子どもに、"一輪車に乗って進む"行動をモデリングしても、子どもは真似をすることができません。また、子どもはモデリングを見る必要があります。子どもが見ていないときにモデリングを行っても、子どもは行動を真似することができません。

モデリングには、お手本をビデオで録画して見せるビデオモデリングや、イラストや写真でお手本を示す視覚的モデリングがあります。

● 日常生活場面での応用 ①
行動 歯を磨く

お父さんが、子どもに歯磨きの仕方を教えようと、子どもの前で歯を磨く様子を見せた。子どもは、お父さんと同じ動きをしながら、歯を磨いた。

● 日常生活場面での応用 ②
行動 スマートフォンを設定する

スマートフォンの設定の仕方がわからなかったため、インターネットで設定の仕方を調べた。サイトに表示されている写真の通りに作業を行うと、設定することができた。

● 保育場面での応用 ①
行動 「おはようございます」と挨拶をする

登園時、先生とお母さんが子どもの前で「おはようございます」と挨拶をした。子どもはそれを見て、先生に「おはようございます」と挨拶をした。

● 保育場面での応用 ②
行動 ブロックで様々な作品を作る

遊び時間、子どもがブロックで飛行機を作った。先生が、そのブロックを他の子どもたちに紹介したら、ブロックで飛行機を作る子どもが増えた。

消去

定義

これまで起きていた行動の結果事象に好子（行動を増やす結果事象→92ページ）がなくなること

消去は、これまで行動の後に出現していた好子が出現しなくなることです。好子が出現しなくなるため、消去が行われると行動は減少します。そのため、消去は、望ましくない行動を減らすための方法のひとつとされています。叱責といった嫌子を用いることによる良くない影響（コラム1→20ページ）を防ぎながら、行動を減らすことができる方法です。ただし、消去が起こると、一時的に行動が増えることがあります。これまで、行動の後に出現していた好子を得ようとして、何度も行動を行おうとするためです。この現象を消去バーストといいます。消去バーストが起こっても好子が出現しないことを経験すると行動は減っていきます。望ましくない行動を減らすとき、この消去バーストを少なくし、できる限り早く望ましい行動が起きるようにするために、分化強化（→98ページ）を用いることが多くあります。

● 日常生活場面での応用 ①

行動 自動販売機のボタンを押す

好子 ジュースが出てくる

自動販売機にお金を入れて、ボタンを押したが、ジュースが出なかった。何度もボタンを押し続けたが、ジュースが出なかったので、諦めて、他の自動販売機に向かった。

● 日常生活場面での応用 ②

行動 友だちを遊びに誘う

好子 友だちが遊びに参加する

友だちを遊びに誘ったが、断られた。別の機会にも、遊びに誘ったが、断られ続けたため、遊びに誘うことがなくなった。

● 保育場面での応用

行動 「もっと遊びたい」と言う

好子 遊具で遊ぶ

外遊びが終わる時間、「もっと遊びたい」と言い、なかなか教室に入ることができなかったので、また後で遊ぶことができること、教室に入ったら給食を食べることを説明した。それでも、何度か「もっと遊びたい」と言っていたが、遊ぶことができないと分かると、自分から教室に入ることができた。

分化強化

定義

望ましくない行動に対して消去（好子をなくすこと→97ページ）を行い、併せて、望ましい行動を強化（行動を増やす結果事象を用いること→92ページ）すること

望ましくない行動を減らす方法として、消去を行ったり、嫌子（行動を減らす出来事や環境→92ページ）を用いたりすることが考えられます。しかし、消去は消去バーストという望ましくない行動が一時的に増える現象が起きます。また、嫌子が結果事象にあることは、その状況を避けたり、他の望ましくない行動を増やしたりしてしまう良くない影響があります（コラム1→20ページ）。

そのため、望ましくない行動は消去を行って減らしながら、一方で望ましい行動を強化して増やすことが必要となります。これが分化強化です。分化強化はより早く望ましい行動を増やすために効果的であるため、様々な場面で用いることができます。

もし、望ましい行動に対する強化のみでは望ましい行動が増えないときは、言葉で望ましい行動を伝えたり（プロンプト→90ページ）、モデリング（実際に望ましい行動を示すこと→96ページ）を行ったりします。また、ときには設定した望ましい行動が子どもにとっては難しい行動である可能性もあります。そのときは、子どもが行うことができる望ましい行動を考える必要があります。

以下に、分化強化の様々な例を示します。

まずは、望ましい行動を起こすことによって、望ましくない行動が起きないようにする方法です。

● 日常生活場面での応用
望ましくない行動　待ち合わせ場所に向かう途中、寄り道をする。その結果、待ち合わせ時間に遅れる。
望ましい行動　寄り道をしないで、待ち合わせ場所に向かう

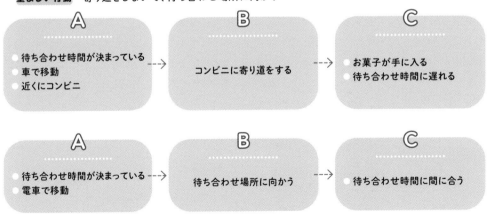

車で移動すると、コンビニなどに寄り道をしてしまい、待ち合わせ時間に遅れることがあった。そのため、電車などの公共交通機関で移動することによって、寄り道をしないで待ち合わせ場所に向かうことができ、時間に間に合うようにした。

● 保育場面での応用

望ましくない行動 　廊下を走る
望ましい行動 　列に並んで歩く

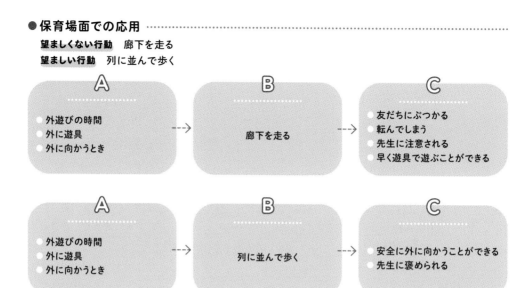

外遊びの時間になると、一斉に廊下を走る子どもが多く、友だちにぶつかったり、転んでしまったりして危なかったので注意をしていた。それでも、"廊下を走る" 行動が減らなかったので、みんなで整列をして、列に並んで歩いて外に向かうようにした。その結果、安全に外に向かうことができるようになった。

> 次は、望ましくない行動を消去しながら、望ましい行動を強化する方法です。

● 日常生活場面での応用

望ましくない行動 　勤務時間中、仕事に関係のない話をする
望ましい行動 　勤務時間中、仕事に関する相談をする

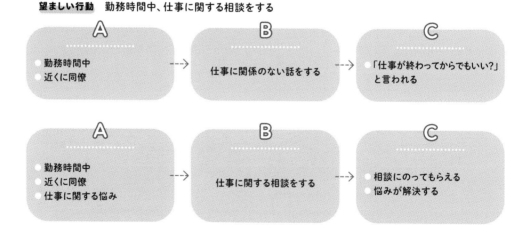

勤務時間中、頻繁に話しかける同僚がいた。すべての話に対して聞いていると、自分の仕事が進まなくなるため、仕事に関係のない話に対しては「仕事が終わってからでもいい？」と伝えて話が進まないようにし、仕事に関する相談にだけのるようにした。

● 保育場面での応用

望ましくない行動　友だちの玩具が欲しいときに、友だちの玩具を取る
望ましい行動　友だちの玩具が欲しいときに、「貸して」と言う

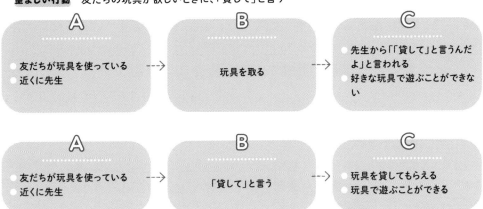

A	B	C
● 友だちが玩具を使っている ● 近くに先生	玩具を取る	● 先生から「「貸して」と言うんだよ」と言われる ● 好きな玩具で遊ぶことができない

A	B	C
● 友だちが玩具を使っている ● 近くに先生	「貸して」と言う	● 玩具を貸してもらえる ● 玩具で遊ぶことができる

　友だちが玩具を使っているとき、"玩具を取る"行動に対しては、玩具で遊べないようにすぐに友だちに返し、「貸して」と言うことを教え

た。そして、"「貸して」と言う"行動の後には、玩具を貸してもらうことができた。

かして―！！

行動の機能

定義

行動を起こす目的や、行動を起こすことによってもたらされる効果

　応用行動分析学の特徴のひとつは、行動の機能に注目することです。それは、起こっている行動が同じように見えても、機能は異なることがあるためです。機能が異なるということは、行動を起こす目的が異なるということです。望ましい行動を増やしたり、望ましくない行動を減らしたりするために、どのような先行事象や結果事象を行うかは、機能に基づいて決められます。

　応用行動分析学では、行動の機能を要求、注目、逃避、感覚の4つに分類しています。ここでは、見た目が同じ行動でも機能が異なる日常生活場面や保育場面の行動を取り上げます。

● 日常生活場面での応用

行動　友だちと話す
機能　要求

　悩み事があり、解決策がなくて困っているときに友だちと話す場合は、解決策が得られることを求めているはずです。要求の機能をもった行動は、物や情報を得るために起きます。

機能　注目

　仲の良い友だちを見かけたけれど友だちが自分に気付いていないときに、"友だちと話す"行動が起きることもあるでしょう。このようなとき、友だちが自分に気付いてくれることを求めているはずです。注目の機能をもった行動は、他者からの注目を得るために起きます。

機能　逃避

　苦手な人から声をかけられていて、離れたい
なと思っているとき、近くの友だちを見たら"友
だちと話す"行動が起きることもあるでしょう。

　このようなとき、苦手な人との会話から離れる
目的があります。逃避の機能を持った行動は、特
定の活動や出来事から逃れるために起きます。

機能　感覚

　面白い話があり、近くに友だちを見かけたら"友だちと話す"行動で話が盛り上がり、楽しくな
るでしょう。感覚の機能を持った行動は、感覚刺激を得るために起きます。

● **保育場面での応用**

行動　玩具を投げる
機能　要求

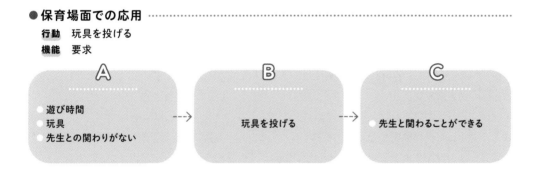

　遊び時間、好きな玩具や先生の関わりがない
とき、"玩具を投げる"行動によって先生が抱っ
こしてくれるなどの関わりを得ていることもあ

るかもしれません。このようなとき、"玩具を投
げる"行動は先生との関わりの要求の機能をもっ
ています。

機能　注目

　遊び時間、先生の注目がないとき、"玩具を投げる"行動によって先生の注目を得ていることがあ
るかもしれません。このようなとき、"玩具を投げる"行動は先生からの注目の機能をもっています。

機能　逃避

遊び時間、友だちの大きな話し声が嫌で、静かにして欲しいとき、"玩具を投げる"行動によって、友だちの話し声がなくなることがある

かもしれません。このようなとき、"玩具を投げる"行動は友だちの話し声からの逃避の機能があります。

機能　感覚

遊び時間、プラスチックの玩具を持ち、"玩具を投げる"行動によって、「ガチャン」という音を得ていることがあるかもしれません。このよ

うなとき、"玩具を投げる"行動は玩具が落ちた音を得るといった感覚の機能があります。

以上のように、同じ行動のように見えてもどのような結果事象によってその行動が起きているかは異なります。それは、行動の機能が異なるためです。行動の機能を知ることで、行動の機能に合った対応をすることが可能となります。

例えば、"玩具を投げる"行動が、要求の機能であれば、"「○○をちょうだい」と言う"行動といった適切に要求する行動を教えることが必要になります。注目の機能であれば、"「先生、来て」と先生を呼ぶ"行動といった適切に注目を得る行動を教えることが必要になります。また、適切な行動を教えた後、"玩具を投げる"行動では注目を得られないように関わり、適切に遊んでいるときや"「先生、来て」と先生を呼ぶ"行動の後に注目をする必要があるでしょう。逃避の機能であれば、"「静かにして」と伝える"行動といった適切に活動や出来事を避ける行動を教えたり、静かな環境を用意したりすることが必要になるでしょう。感覚の機能であれば、感

覚刺激が得られる、投げても大丈夫な玩具や投げなくても感覚刺激を得られる別の玩具を用意する必要があるでしょう。

行動の機能は必ずひとつと決まっているわけではありません。同時に様々な機能をもっていたとしても、その中で主な機能に合わせて対応することが必要です。また、同じ行動であっても、時と場面が異なると、その行動の機能が変わるかもしれません。普段から、行動をABC分析することや、行動の機能に注目することで、機能に合わせた適切な対応をすることができるようになるでしょう。

プレマックの原理

定義

あまり見られない行動の後によく見られる行動が続くと、あまり見られない行動が起きやすくなること

これは、あまり好きではない活動の後に好きな活動を行うようにすることで、あまり好きではない活動が行われやすくなる原理と言い換えることができます。やらなければいけないことがあるのに、なかなかやる気になれず、ついスマートフォンを見てしまって、時間が過ぎてしまったという経験はないでしょうか。もしくは、子どもがテレビばかりを見て宿題に取り組まず、つい大きな声を出してしまったという経験はないでしょうか。

プレマックの原理を知っておくと、ついスマートフォンを見すぎて時間が過ぎてしまったり、宿題に取り掛からない子どもに、つい大きな声を出して注意をしてしまったりすることがなくなるかもしれません。

● 日常生活場面での応用 ①
あまり見られない行動 職場の提出書類を作成する
よく見られる行動 友だちの SNS を見る

スマートフォンを手の届かないところに置き、職場の提出書類を作成した後に、友だちの SNS を見るようにした。スマートフォンが手元にないので、気が散ることがなくなり、友だちの SNS を見ることを楽しみに、すぐに提出書類が完成した。

● 日常生活場面での応用 ②
あまり見られない行動 宿題をする
よく見られる行動 テレビのアニメを見る

子どもの好きなアニメを録画し、宿題をした後に見ても良いこととした。子どもは最初は文句を言っていたが、渋々宿題に取り組んだ。宿題を終えた後は、嬉しそうにアニメを見ており、自分から宿題をすることが増えた。

● 保育場面での応用
あまり見られない行動 降園の準備をする
よく見られる行動 好きな絵本を読む

降園の準備の時間、子どもたちは友だちと話したり遊んだりして、時間がかかることが多かったので、降園の準備ができたら、室内の遊びで一番人気な活動である好きな絵本を読んでも良いことを伝えた。子どもたちは好きな絵本を手に入れるため、急いで降園の準備をするようになった。

機会利用型指導法

定義

普段生活している場面で、望ましい行動を教え、望ましい行動が起きやすい機会を設定し、好子を得る経験を通してスキルの習得を可能にする指導法

行動が起き、結果事象に好子（行動を増やす結果事象→92ページ）があると、行動が増えます。また、行動を起こす機会が頻繁にあり、頻繁に好子を得られることで、行動はすぐに獲得されます。

● 日常生活場面での応用

行動 料理をする

場面設定 夜ご飯を一緒に作る

1人で料理をすることができるように、夜ご飯を一緒に作ることから始めた。お手本を示したり、言葉で説明をしたりしながら夜ご飯を一緒に作ることで、美味しいご飯を作ることができるようになった。

● 保育場面での応用 ①

行動 友だちと話し合ってひとつの作品を作る

場面設定 年長クラスで、2人で1枚の画用紙を用いて作品を作るようにする

画用紙を1枚だけ準備して、「2人で話し合って、ひとつの作品を作ってね」と指示をすることで、友だちと相談をする機会を設定した。そうすることで、友だちと話し合うことや協力して取り組むことが増えた。

● 保育場面での応用 ②

行動 友だちと物の貸し借りをする

場面設定 工作の時間、教具をひとつだけにする

工作の時間、はさみやのりをひとつのテーブルにひとつずつ置くことで、友だちが使っているときに待ったり、「貸して」と言って借りたり、「のりを取って」と言って、取ってもらったりする機会を設定した。そうすることで、友だちと言葉を用いて物の貸し借りができるようになった。また、教具を渡すときに「どうぞ」と言ったり、受け取るときに「ありがとう」とお礼を言ったりする学習の機会となった。

シェイピング

目標とする行動に近づいた行動を強化

（行動が増えるような結果事象を行い、行動を増やすこと→92ページ）**することで、段階的に目標となる行動が行えるようにすること**

　シェイピングはすぐに目標を達成できなかったり、目標に向かって少しずつステップアップしていったりするようなときに有効な方法です。シェイピングでは、目標に近づいた行動が頻繁に行われるようになると、今度はその行動を消去し（好子を用いないこと→97ページ）、その行動よりも更に目標に近づいた行動を強化するようにします。このように、段階的に目標に近い行動を強化していくことで、目標となる行動が行われるようになります。

● 日常生活場面での応用

行動　キャッチボールをする

目標1　ボールを投げる

目標2　相手がいる方向にボールを投げる

目標3　相手が動かないで取れる場所にボールを投げる

目標4　相手が取りやすい場所にボールを投げる

　まずは、目標1として"ボールを投げる"行動の後に「上手だね！」と言いながら褒めます。そうすることで、"ボールを投げる"行動が強化され、頻繁に見られるようになります。頻繁に"ボールを投げる"行動が見られるようになったら、褒めることをやめ（消去）、目標2の"相手がいる方向にボールを投げる"行動を強化します。目標2の"相手がいる方向にボールが投げる"行動が増えたら、褒めることをやめ（消去）、目標3の"相手が動かないで取れる場所にボー

ルを投げる"行動を強化します。このように、段階的に強化や消去する目標を変えることによって、最終目標であるキャッチボールをすることを教えます。

● 保育場面での応用

行動　靴をはく

目標1　その場に座って、マジックテープでとめる

目標2　その場に座って、足を靴に入れる

目標3　その場に座って、かかとを靴に入れる

目標4　立った状態で、靴をはく

　まずは、目標1として"その場に座って、マジックテープでとめる"行動を教えます。靴をはかせてあげ、最後のマジックテープでとめるときだけ促し、できたときに「上手だね！」と言いながら褒めます。そうすることで、"マジックテープでとめる"行動が強化され、促されなくても、自分からできるようになるでしょう。自分で"マジックテープでとめる"行動が頻繁にみられるようになったら、褒めることをやめ（消去）、目標2の"足を靴に入れる"行動を教えます。最初は、爪先の部分まで靴を近づけたり、指差しをしたりすることが必要になるかもしれません。"足を靴に入れる"行動ができたらしっかりと褒めましょう。目標2の"足を靴に入れる"行動が頻繁に見られるようになったら、褒めることをやめ（消去）、目標3の"かかとを靴に入れる"行動を教えます。このときも、指差しで教えたり、かかと部分にリングをつけたりすることで行動を促すことができます。目標3の"かかとを靴に入れる"行動ができたら、しっかりと褒めましょう。このように、段階的に強化や消去する目標を変えることによって、最終目標の靴をはくことを教えます。

課題分析

複雑なスキルや行動を、より小さな行動に分解する作業

　課題分析をすることの大きな目的は、複雑なスキルや行動をするときに、つまずいているより小さな行動を見つけることです。そして、そのつまずいている行動に対してひとつひとつ教えて強化することで、複雑なスキルや行動を身につけることができるようになります。

　課題分析では、どこまで細かい行動に分けるのかについての正解はありません。その子どもがつまずいている行動を見つけることが課題分析を行う目的だからです。そのため、一度課題分析を行った後でも、つまずいている行動をさらに細かい行動に分解することが必要となる場合もあります。

●日常生活場面での応用

行動　スマートフォンで Wi-Fi につなげる

小さな行動1　スマートフォンの設定アイコンをタップする

小さな行動2　Wi-Fi をタップする

小さな行動3　つなげる Wi-Fi の SSID をタップする

小さな行動4　SSID のパスワードを入力する

小さな行動5　接続ボタンをタップする

　"Wi-Fi につなげる"という行動は、複数の小さな行動に分けることができます。"Wi-Fi につなげる"行動がうまくできない場合、小さな行動に分けることで、Wi-Fi にうまくつなげられない理由が、アイコンの場所が分からないからなのか、パスワードの入力の仕方が分からないからなのかなど、うまくできない行動を知ることができます。そして、どの行動を教えて強化

すると良いのか明確になります。

●保育場面での応用

行動　なわとびの前跳びをする

小さな行動1　なわとびを前に回す

小さな行動2　なわとびを止めないまま両足跳びをする

小さな行動3　両足跳びをしたときに、なわとびを足の下に通す

小さな行動4　なわとびを止めないまま1~3を繰り返す

　なわとびの前跳びの課題分析です。子どもによって、どの部分でつまずいているのか異なると思います。つまずいている部分によって、必要なスキルや練習方法、声かけの仕方やタイミングも異なるはずです。

プロンプトを減らす方法

プロンプトを行うことで、望ましい行動を引き起こしやすくなります。望ましい行動が起こるようになったら、プロンプトがなくても、自分から望ましい行動を起こすことが大切になってきます。

歯磨き、着替え、規則正しい生活を送ることなど、多くのことは、親や周りからのプロンプトがなくてもできるようになることが求められるでしょう。例えば、時間通りに行動することは社会において必要なことです。まだ、時計の読み方が分からないときは、「おでかけするよ」といった声かけによって行動することができれば良いでしょう。数字が読めるようになったら、「長い針が2になったら準備してね」と言われて行動ができるようになります。そして、時計が読めるようになったら、自分で時計を見たり、予定時間に合わせて計画をたてて行動したりすることが必要になってきます。

また、集団行動をする上でも、自分で考えて行動することが必要です。例えば、サッカーの習い始めは、監督やコーチなどの周りの指示通りに行動することで良いかもしれませんが、最終的には、チームの状況、味方や相手の能力など、様々な要因を瞬時に判断して、自分で適切な行動を行うことが求められます。

このように、プロンプトがなくても行動できるようになることは、自立する上でも、集団行動を送る上でも必要なことです。プロンプトを少なくするために、次のような方法があります。

••

1. 量や力を少しずつ減らす

子どもの理解度やスキルに応じて、プロンプトの量や力を少しずつ減らす方法です。最終的には、プロンプトがない状態まで減らしていきます。

●例1：物を受け取ったときのお礼を教える
段階1　「ありがとう、と言うんだよ」
段階2　「ありが…」
段階3　「あ…」

段階1では、望ましい行動を示しており、モデリング（→96ページ）といいます。子どもがモデリングにより、望ましい行動を行ったらしっかりと褒めます。段階2では、ほぼ望ましい行動を示しているプロンプトです。もし、段階2のプロンプトで「ありがとう」とお礼が言えたらしっかりと褒め、段階3までプロンプトを減らしていきます。段階3のプロンプトで言えるようになったら、プロンプトがなくても行動を引き出せるでしょう。お礼を言うことが習慣化するまで、褒めることが大事です。

●例2：自転車に乗ることを教える
段階1　補助輪を付けて、大人に支えてもらいながら自転車に乗る
段階2　補助輪を付けて、1人で自転車に乗る

段階 3　補助輪なしで大人に支えてもらいな
　　　　がら自転車に乗る

　例 2 は、力を少しずつ減らす方法です。最初は段階 1 として補助輪をつけてバランスを固定し、子どもが安心するように大人に支えてもらいながら自転車に乗ることを教えます。子どもが自転車を楽しむことができるようになったら、第 2 段階として、少しずつ支えている手を離していきます。手が離れたとき、しっかりと褒めましょう。子どもは「1 人で乗れる！」という自信がつくでしょう。第 3 段階では、バランスが取りにくく、大人がしっかりと支える必要があるでしょう。しかし、大人がずっと支えてしまっていては、子どもが自分からバランスを取ることを学びません。そのため、少しずつ、失敗しないように支えている手の力を緩くします。そうすることによって、子どもはバランスを保ちながら自転車を運転することを学んでいきます。大人が手を離しても、子どもが自転車を運転できたときに目標達成です。

　このような方法は、他にも、鉄棒、跳び箱など様々な運動にも用いることができます。

2．間接的なプロンプトを行う

　子どもが望ましい行動を知っているときに用いることができます。直接的に望ましい行動を示すのではなく、望ましい行動が必要であるといったきっかけをつくります。

● 例 1 : 子どもが家に帰って、手を洗わずにおやつを食べようとしているときに、「あれ？　何か忘れていないかな？　手が汚れているんじゃないかな？」と聞いてみます。手を洗いなさいと直接的に伝えていませんが、手を洗う行動を起こすようにプロンプトをすることができます。

● 例 2 : 朝、先生に会ったときに、子どもから挨拶が行われない場合に、軽く肩を叩く。「ほら、何か忘れているよ」といったことを伝えることになり、挨拶を促すことができます。

3．プロンプトを遅くする

　子どもが望ましい行動を知っており、もう少しで自分でできそうなときに有効な方法です。プロンプトを行うまでの時間を遅くすることで、プロンプトがなくても行動する機会を設定します。もしかしたら、子どもは「何をするんだっけ？」と考えているのかもしれません。また、大人が何か求めていることを感じ取り、行動を引き起こすことができます。

● 例 1 : パズルのピースの向きを間違えている子どもに、正しい向きを教えずに様子を見ます。もしかすると、自分で正しい向きに気付き、ピースをはめることができるかもしれません。

● 例 2 : 保育所の朝の挨拶のときに、話をしている子どもが何人かいました。「静かにしましょう」と伝えることを待ち、少し様子を見ます。前に立っている先生や静かに待っている友だちに気付き、自分から静かにするかもしれません。

　このように、プロンプトを減らす様々な方法があります。プロンプトの後に子どもが望ましい行動をしたら、褒めたり笑顔を見せたりして、結果事象に好子を用いることは重要ですがプロンプトがないときに子どもが望ましい行動をしたら、「自分でできたね！　すごいね！」と、今までよりも大きく褒めるなど、より強力な好子を用いることが重要です。これは、プロンプトがなくてもできたことの方がより望ましい行動である、ということを伝えるコツです。

あとがき

最後まで、お読みいただきありがとうございます。

本書は、私が様々な保育所で見てきた子どもとその子どもの成長を導いた先生方の関わり方を掲載しました。しかし、紙面上、掲載できていないことも多くあります。本書で掲載されているように、関わり方を変えたり工夫をしたりしたところで、すぐに子どもの行動が変わることは少ないです。それでも、日々子どもの小さな成長を発見し、みんなで褒め、喜び合うことを地道に繰り返すことで目に見えるほどの大きな変化が起きます。先生方の一生懸命さ、ひたむきさ、子どもに対する愛情に本当に頭が下がります。

本書は、保育者や、保育者に対して助言をする専門家の方々、保育者を目指す学生の方々、特別支援教育を学ぶ学生の方々に向けて執筆しました。本書で示した事例と似た子どもを担任したり、見てきたりした方も多いのではないでしょうか。これまで多くの子どものやる気を引き出せたのに、それと同じ方法ではやる気を引き出せず、遠くに走って行ってしまう子ども。何度伝えても友だちを叩いてしまう子ども。年齢相当の発語が見られない子ども。積極的に活動に参加している友だちの活動の妨げてしまう子ども。もし、そのような子どもに対する関わり方に困ったときには、本書を開き、「どうしてだろう？」という気持ちで子どもの行動や関わり方を振り返り、新たな子どもへの関わり方のヒントになれば光栄です。また、保育者を目指す学生の方々も、保育実習でつまずいたときには本書を開いて、関わり方のヒントにしていただければと思います。本書に掲載されている応用行動分析学の理論はほんの一部分です。もし少しでも応用行動分析学に興味をもちましたら、ぜひ他の書籍を読むなど、学び続けてくださったら光栄です。

本書を執筆するまでには多くの方々の支えとご縁がありました。

ご多忙の中、監修を快く引き受けてくださった野呂文行先生は、応用行動分析学の理論、用語の使い方や表現方法について細かな点までご指導くださいました。また、保育者の立場から監修を引き受けてくださった高橋雅江先生は、保育者にとって馴染みのある表現を助言していただきました。共著者である原口英之先生は、本書の構成や表現について多くの時間、相談にのっていただきました。また応用行動分析学に関して多くのご助言をくださいました。本書のイラストを快く引き受けてくれた沖はるかさんは、私が想像していたイラストよりも質の高く、かわいいイラストを描いてくださいました。学苑社の杉本哲也様には、本の編集、構成、表現など細部に渡りご助言をいただきました。

また、特別支援教育の専門であった私が応用行動分析学という学問を知り、学ぶ過程には数え切れないほどの大学の先生、教員、保育者、療育関係の職員、学生などの方々からご指導をいただきました。また、学校や保育所で私を迎え入れてくださった校長先生や園長先生、共に子どもの支援方法について考え、子どもの成長を喜び合えた全ての先生、保育者の方々のご協力がありました。

ここでは書き切れないほどの多くの方々の支えのおかげで今の私があり、本書を執筆することができました。全ての方々と、本書を読んでくださった方々に感謝の思いを記します。ありがとうございました。

2021年1月　永冨 大舗

著者紹介

[監修]

野呂文行 （のろ　ふみゆき）

筑波大学人間系教授。博士（教育学）。日本特殊教育学会理事長、日本行動分析学会理事。研究テーマは、応用行動分析学による発達障害のある子どもへの支援方法の有効性に関する検討。

高橋雅江 （たかはし　まさえ）

心羽えみの保育園石神井台園長。臨床発達心理士、特別支援教育士、保育士として永年子どもたちや保護者と携わり支援をしてきた。小学校の巡回指導や講演も務め、『保護者・保育者向けの月刊誌』で生活習慣アドバイスの執筆にも携わる。

[編著]

永冨大舗 （ながとみ　だいすけ）

鹿児島国際大学福祉社会学部社会福祉学科講師。公認心理師、特別支援教育士。小学校や特別支援学校に勤務後、筑波大学大学院人間総合科学研究科で応用行動分析学を学びながら、保育所、学校、保健センターなどで支援が必要な子どもに対する関わり方を助言してきた。また、保護者や保育者、教員向けの講演会の講師を務める。

原口英之 （はらぐち　ひでゆき）

所沢市こども支援センター発達支援エリア　スーパーバイザー。公認心理師、臨床心理士。発達支援センターのスーパーバイザー、保育園のカウンセラー、自治体の発達障害支援に関する事業のアドバイザー等も務め、各地で講演・研修も精力的に行っている。

保育者ができる
気になる行動を示す幼児への支援　© 2021
応用行動分析学に基づく実践ガイドブック

2021年 2月 25日　　初版第1刷発行
2023年 8月 30日　　初版第4刷発行

監修者　　野呂文行
　　　　　高橋雅江
編著者　　永冨大舗
　　　　　原口英之

発行者　　杉本哲也
発行所　　株式会社学苑社
　　　　　東京都千代田区富士見2-10-2
　　　　　電話　03 (3263) 3817
　　　　　FAX　03 (3263) 2410
　　　　　振替　00100 - 7 - 177379

デザイン　三好誠
イラスト　沖はるか
印刷・製本　株式会社丸井工文社

検印省略
乱丁落丁はお取り替えいたします。定価はカバーに表示してあります。
ISBN978-4-7614-0821-3　C3037

発達障害

こんな理由があったんだ！
「気になる子」の理解からはじめる
発達臨床サポートブック

綿引清勝【著】
イトウハジメ【絵】

A5 判●定価 1870 円

保育所・幼稚園・小学校等の教育・保育現場や子育てで実践的に活用できるように、つまずきの理解と支援方法が満載。

保育

カンファレンスで深まる・作れる
配慮を要する子どものための
個別の保育・指導計画

大石幸二【監修】
遠藤愛・太田研【著】

B5 判変形●定価 1980 円

個別の保育・指導計画の作成方法、カンファレンスの進め方まで、具体的な事例を示高めながら支援に生かすための方法を解説。

特別支援教育

「自分に合った学び方」
「自分らしい生き方」を見つけよう
星と虹色なこどもたち

星山麻木【著】
相澤るつ子【イラスト】

B5 判●定価 2200 円

さまざまな特性のある、こどもたちの感じ方・考え方を理解し、仲間同士で助け合うための方法を提案。一人ひとりのこどもを尊重するために。

発達障害

かんたんにできる
発達障害のある子どもの
リラクセーションプログラム

高橋眞琴【編著】
尾関美和・亀井有美・
中村友香・山﨑真義【著】

A5 判●定価 2200 円

ライフスキルトレーニング、動作法、ムーブメント教育、日本でも実践可能な海外のインクルーシブ教育での環境設定などを紹介。

発達障害

学校や家庭でできる！
SST& 運動プログラム
トレーニングブック

綿引清勝・島田博祐【編著】

B5 判●定価 2090 円

「ソーシャルスキルトレーニング」と「アダプテッド・スポーツ」の専門家が提案する学校や家庭で今日からできる 50 の実践プログラム。

言語・コミュニケーション

発達の気になる子も
楽しく学べるグループ課題 69
幼児の社会性とことばの発達を促す教材集

宇賀神るり子・吉野一子【著】

A5 判●定価 2200 円

わかりやすい仕組みと大人の関わりによって子どもが意欲的に参加し、学ぶことができる課題をまとめた言語聴覚士によるアイデア満載の 1 冊。

税 10％込みの価格です

 学苑社　Tel 03-3263-3817　〒 102-0071　東京都千代田区富士見 2-10-2
Fax 03-3263-2410　E-mail: info@gakuensha.co.jp　https://www.gakuensha.co.jp/